歴史を動かした「決戦」の世界史

戦場における「選択」と「決断」

伊藤 敏
Ito Bin

ベレ出版

はじめに

「人類の歴史は戦争の歴史」と言及されることは珍しくありません。実際に、戦争は人類に生じた様々な問題の解決手段（手段であって必ずしも解決に結びつくとは限らないことには留意する必要があります）として用いられ、また戦争は多くの技術革新を人類にもたらしました。これだけに限りませんが、戦争が人類にもたらした影響は、言うまでもなく計り知れません。

　その一方で、私たちはどれほど戦争について「知っている」と言えるでしょうか？ 中学校の歴史の授業や、高等学校での日本史・世界史を問わず、戦争は必ずと言っていいほど扱われているにもかかわらず、その本質的な部分に触れる機会は、多いとは言えないかもしれません。とはいえ、これは戦争の本質的な部分は捉えづらいということでもあり、そもそも戦争の持つ性質は極めて多面的であるのです。
　戦争をはじめ、歴史における軍事を扱う学問は「軍事史」と呼ばれますが、一口に軍事史といっても戦争史、戦略史、戦術史、軍事技術史など、その包括する範疇は多岐にわたります。こと軍事史においては、「軍事」の観点に立つか、「歴史」の観点に立つかによって、同じ事象であっても論点や争点がかなりかけ離れていることも珍しくはありません。実際に、近代以降だけで見ても、軍事史は軍人（ないし軍事研究家）が扱うか、歴史家が扱うかによって、手法や論点、依拠する史資料の扱いに至るまで、まるで違う考察になることも往々

にして見られます。

　しかし、これはもちろん、どちらが正しいあるいは誤っているということでは、決してありません。とはいえ、軍事史の研究は、どちらかの観点に寄りがちなものになり、かつ「軍事」や「歴史」という分野自体が、非常に多様な要素からなっています。こうして見ると、軍事史は歴史のなかでも、とりわけ多面的な観点が要求される分野であると言えます。戦争そのものが持つ多面的な性質に加え、軍事や歴史、さらにはそれに付随する様々な知識を、体系的にまとめ上げていく必要があるのです。

　見方を変えれば、歴史が関わる分野において、これほど多様な側面を見せるものも珍しいかもしれません。一見すると極めて限定的に思えるものの、その内面では様々な観点を要求されるという性質が、軍事史の魅力と言えるでしょう。

　本書は、こうした多面的な軍事史を学ぶうえでの、入門書として位置付けたものです。幅広い「軍事史」の概要を把握するため、「決戦」という主題を設定し、これを中心に解説を進めるものです。したがって、なるべく軍事と歴史のバランスを取りつつ、軍事史から歴史を新たに捉えなおすことを、第一の目的としています。この手法は歴史学に寄ったものであり、その意味では、「軍事という切り口から歴史を見直すとどうなるか」といった点でも、お楽しみいただけると思います。

　また、本書のもう一つの特徴として、主題となる戦場や決戦は、あえて無名とされるものを多く採用しました。教科書や歴史書などに頻繁に登場するものだけが、歴史上で重要であったとは限りません。むしろ、場合によっては、その歴史的な価値が過大に評価されてきたも

のも少なくはないのです（例えば、732年のトゥール・ポワティエ間の戦い、1241年のワールシュタットの戦い、1571年のレパントの海戦など）。

　この有名・無名を分けた原因は様々です。これは歴史寄りの観点になりますが、過去の事象には何かしら埋もれた要素があり、これにどのような価値を見出すかによって、評価が分かれることになるのです。究極的には、過去の事象に無駄や些末なものなどなく、どのような小さなものであっても、現在というこの時代を構成する礎になっているというのが、私の考えです。そうした試みも込めて、本書ではあえて「無名」とされる主題を多く取り上げることにしたのです。

　何よりも、先述のように軍事史あるいは「軍事から見た歴史」には、独特の魅力があることもまた事実です。私が考えるに、その魅力の最たるものとは、「時代の特徴や変化を明敏に読み取れる」ことにあると思います。そうした考察を経て、改めて私たちは、戦争の本質に向き合うことができるのではないかと考えるのです。

　本書では、「決戦」というメインの主題に加え、各パートごとに大まかなテーマを設定しています。
「第Ⅰ章　古代の戦場」では「殲滅と攪乱」、「第Ⅱ章　中世の戦場」では「技術革新」、「第Ⅲ章　近世の戦場」では「火砲の登場と近世への過渡期」、「第Ⅳ章　近代の戦場」では「軍事機構の近代化」、「第Ⅴ章　現代の戦場」では「総力戦と次世代の戦争の可能性」です。これらのテーマを通じて、軍事史や歴史そのものに、読者のみなさんがあらためて何かしらを「発見」していただけましたら幸いです。

歴史を動かした「決戦」の世界史　もくじ

はじめに 002

序章　「戦場」と「決戦」　009
—— 歴史を左右する「決断」の場

第Ⅰ章　古代の戦場　017
—— 歴史が始まるとき、戦争も始まる

1. 古代の戦闘技術 018
   メギッド（前1457）　詳細に記録された初の戦争 020
2. 諸兵科連合の出現 025
   カンナエ（前216）　古代世界で最高峰の芸術的戦闘 027
3. 攻城戦——都市と城壁をいかに破るか 037
   アレシア（前52）　ローマ式攻城技術の真骨頂 038
4. 海戦——戦場は水上へ 046
   アイゴスポタモイ（前405）　海軍大国アテナイの凋落 047

第Ⅱ章　中世の戦場　055
—— 馬から火器へ

1. イスラーム勢力の大攻勢——世界を席巻した新興勢力 ... 056
   カーディシーヤ（636）　中東の勢力図を一変させた戦場 .. 058

2. 騎士の時代——地中海に轟く「騎馬衝突撃」 063
　チヴィターテ(1053)　中世騎馬戦力の雄、ノルマン騎士 064
3. モンゴル——世界を制覇した騎馬民族 072
　襄陽・樊城(1268〜73)　騎馬の限界を突破したとき 074
4 歩兵の復活——火器の黎明と歩兵戦術 080
　ラウペン(1339)　軍事革新と国制整備 082

第Ⅲ章　近世の戦場　　091
——火器の普及と過渡期の戦争

1. 近代戦闘の雛型、「槍と銃」戦術 092
　パヴィア(1525)　近代戦争の黎明 094
2. 東アジアの再編——元末明初の戦乱 099
　鄱陽湖(1363)　水上を覆う火炎の地獄絵図 100
3. 清朝の興隆——内陸アジアの覇権抗争 104
　ジョーン・モド(1696)　騎馬遊牧民の斜陽 105
4. 植民地戦争——戦場が世界へ広がる 110
　ケベック(1759)
　イギリスの北米支配を決した、大胆にして繊細な作戦 112

第Ⅳ章　近代の戦場　　119
——戦争の近代化がもたらしたもの

1. 戦争の「近代化」——軍組織にもたらされた革新 120
　アウステルリッツ(1805)　ナポレオン戦術の最高峰 121

2. 戦争の次なる「近代化」——焦土戦と参謀本部 ………………… 129
　ナッシュヴィル（1864）　南北戦争の転換点と焦土戦 …………… 130
　ケーニヒグレーツ（1866）　意思決定と分進合撃の勝利 ………… 140
3. 帝国主義戦争——列強に抗う諸勢力 ……………………………… 148
　呉淞（1842）　アヘン戦争の終盤で ……………………………… 149
　イサンドルワナ（1879）　新式武装のイギリス軍の苦闘 ………… 154

第Ⅴ章　現代の戦場　　　　　　　　　　　　　161
　　　　——世界大戦と戦争の行く末

1. 第一次世界大戦——後戻りのできない未曾有の大戦争 ………… 162
　ガリポリ戦役（チャナッカレ、1915～16）
　チャナク・バイールの攻防 ………………………………………… 164
　ヴェルダン（1916）　逃げ場のない戦い ………………………… 171
2. 第二次世界大戦 ……………………………………………………… 181
　スターリングラード（1942～43）　近代史に稀に見る接近戦 …… 182
　硫黄島（1945）　海兵隊史上で最も高い代償 …………………… 188
3. 世界大戦後——次世代の戦争の在り方を模索して ……………… 197
　テト攻勢（1968）　ベトナム戦争の転換、大規模攻勢 …………… 197
　湾岸戦争（1991）　悪夢の払拭？ ………………………………… 204
　キーウ（2022）　従来の戦争と無人戦争の可能性 ………………… 211

　おわりに ……………………………………………………………… 222

序章
「戦場」と「決戦」
—— 歴史を左右する「決断」の場

「戦場」とは何か？

「戦場 battlefield」という言葉は、一般には「特定の戦闘が繰り広げられる場所」と認識されることが多いでしょう。もちろん、その意味に間違いはないですが、それでもなお「戦場」という言葉には、特別な意味が込められていると考えられます。

そもそも、戦場で繰り広げられる「戦闘」は、1つの戦いそのものに注目が集まることが多いのです。しかし、その戦闘に至るまでには、様々な背景や要因が蓄積されており、最終的に1つの戦いに昇華されるのです。戦闘を支える屋台骨となるのが軍ですが、この軍を「どのように動かすか」が、戦闘の帰趨を決めます。戦闘はおもに、以下の2つの要素からなると考えることができます。

- 戦略 Strategy……特定の目標を達成するために国力や資源といったものを運用する技術
- 戦術 Statistics……戦闘における目標達成のための作戦および行動

まずは戦略から。西洋の諺に、"An army marches on its stomach."というものがあり、直訳すれば、「軍は胃袋とともに行軍する」となります。軍を構成するのは人間であり、その軍を構成する兵士（ないし戦闘集団）は当然ながら、食料や兵器といった物資が不可欠になります。そして、これらを賄うためには、それ相応の財力や資源なども要求されます。兵の規模に応じ、兵員や物資の移動・流通（これを兵站といいます）、そこから判断できる軍事行動などの長期的な観点が戦略の肝なのです。

一方、戦術は戦略と比べると戦場での作戦行動が中心となるので、一見すると簡潔なものに思えるかもしれません。しかし、実際には戦場における情報収集や兵站、さらに刻一刻と変化する戦場の状況に柔軟に対処せねばなりません。また、そもそも戦闘を仕掛けるか否かという、一過性にとどまらな

い判断も試されます。戦術の定義に「作戦および行動」とあるのは、戦術はこうした細かな一つひとつの「状況判断」と、そのうえでの「決断」、そして実際に実行される「行動」を束ねるものであり、決して簡潔なものではないのです。

こうした様々な背景や思惑が、1つの「戦闘」に集約されることがあります。このような戦闘は「決戦」と呼ばれ、しばしば歴史に画期をもたらした要因として紹介されることも少なくありません。こうして考えると、「戦闘」とは、いくつもの「決断」の積み重ねであると考えることができます。そのうえで「戦場」とは、長期的にも短期的にも、重大な「決断」が試される場であると言えるでしょう。

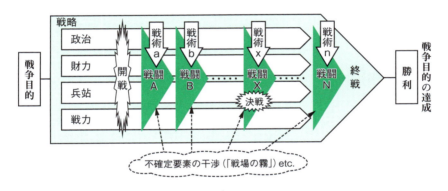

図1　戦争における勝利までのロードマップ（モデル図）

戦場は、このような「決断」の蓄積のうえに成り立ち、そのうえで実際の戦闘で最も重要な「決断」がなされるのです。古来、戦場の指揮官は、戦闘におけるリスクとリターンを天秤にかけ、そのうえで戦闘に臨みました。その決断力たるや、並大抵ではありません。ですが、こうした指揮官の「決断」には共通点があります。それは、「何かしらの勝算を見出していること」です。この点を理解するためには、単に1つの戦闘における采配、すなわち戦術を読み解くだけでは、どうしてもぼやけてしまいます。

そして、この決戦において「決断」を下す、すなわち勝算を見出すにあたっての洞察力や決断力は、直接軍事に関わることがない銃後の環境であっても、十分に参考になると考えられるのです。

戦場の霧 ──「決断」を阻む最大の壁

　それでもなお、戦場での「決断」には不確定要素が常に付きまといます。相対的に長期的な決断を必要とする「戦略」は、21世紀の現代においても未来予測が容易でないことから、その判断が曇りがちであることは、想像に難くないと思います。しかし、実戦での軍の動きを分析する「戦術」においては、さらに複雑な不確定要素があるのです。それが、「戦場の霧」と呼ばれるものです。
「戦場の霧」を定義したのは、プロイセン王国の軍人カール・フォン・クラウゼヴィッツ（1780〜1831）です。彼は著書『戦争論』において、次のように述べています。

　　戦争においては、一方では情報や予測がすべて不確実であり、また他方では偶然が不断に介入する、そこで将帥は、彼がそれまで期待していたところのものとは異なる事態に絶えず接しなければならない。そしてこのことは彼の計画に、或は少なくともその計画の実施に関する考えに影響を与えずにおかないのである。

（クラウゼヴィッツ著、篠田英雄訳『戦争論　上』岩波文庫、1968年）

　戦場の状況（戦況）は刻一刻と常に変化していきます。これによって、戦闘の次の局面はどうしても予想しづらいものになります。言い換えれば、当初予定していた作戦行動の通りに、順調に戦況が進むことなど、まずありえないのです。とりわけ敵の情勢の変化はその最たるもので、自陣の変化を把握するだけで精一杯の戦場で、敵陣の情勢まで的確に捉えることは、現代戦においても困難極まります。

「戦場の霧」が晴れることは、恐らく今後どれだけ技術が発達しようともないでしょう。戦闘に臨む指揮官は、意識の程度の差こそあれ、この「戦場の霧」が立ち込めるなか、「決断」を下すのです。この「決断」は、戦場に至るまでに潜り抜けてきた様々な決断の上をいくものと言えるでしょう。

「戦い」に勝つには？── 戦略で勝利を得る

とはいえ、個々の戦闘ですら、「戦場の霧」により不確定要素が多いのですから、一貫した戦争そのものとなるとさらにその要素は増します。このため、戦争で勝利を得るには、並大抵でない労力を強いられるのです。

古代中国の戦略家・孫子の兵法では、「戦わずして勝つ」ことが最良の軍事戦略であるといいます。戦争は、軍隊という暴力装置が激突するため、勝敗に関係なく必然的に損害を被るものです。数字のうえでは少ないように見えても、実態としての損失が決して小さくないことは往々にして見られます。

損害（≒戦闘）を未然に防ぐため、たとえ平時であっても、直接的あるいは間接的に威嚇手段として武力行使を用いることもあります。実際に大軍同士が激突する以前から、軍事力の量的・質的な優位性を築くことで、相対的な優位を達成できるのです。したがって、戦略において最も重視すべき目標は、「相手の強みを減殺しつつその弱みを利用する」ことにあります。

この目標を達成する過程で、補強となる原理があります。A・エチェヴァリアによれば、以下の9つが最も頻繁に登場するといいます。

① 目標（objective）：目標を定め、あらゆる軍事行動がその達成に資するようにすること。
② 機動（maneuver）：陣地的優位を得ること。
③ 奇襲（surprise）：想定外の方法で敵を攻撃すること。
④ 物量（mass）：軍事力を結集して優越すること。
⑤ 戦力の経済性（economy of force）：物量の結集とは逆に、副次的な取り組みには必要最低限の戦力のみを割くようにすること。

⑥ 攻勢（offensive）：主導権ないしは時間的優位を得ること。
⑦ 保安（security）：我が方の戦力がよく保護されるようにすること。
⑧ 簡潔性（simplicity）：複雑な計画や連絡を避けること。
⑨ 指揮の統一（unity of command）：利害の衝突を避けるため、戦争指導を単一の政治的・軍事的権威に委ねること。

（アントゥリオ・エチェヴァリア著、前田祐司訳『軍事戦略入門』創元社、p.20）

　この9つの原則のうち、とりわけ注目に値するのが、③奇襲です。ここでいう「奇襲」とは、単なる「騙し討ち」にとどまるものではありません。実際の戦闘においては、自軍の損害が免れないなかで、敵軍の意表を突く攻撃のことです。奇襲を成功させるには、敵軍の強みと弱みを的確に評価し、そのうえで自軍の強みと弱みをこれまた客観的に比較・対抗させる必要があります。

　また、この奇襲が「単なる勝利」に終わってしまっては、勝った側にも引き続き消耗を強いることになります。重要なのは、敵軍の弱体化です。すなわち、軍事力だけでなく、相手の戦意をも挫くのです。例えば、13世紀にユーラシアを席巻したモンゴル帝国は、国境地帯の拠点や反抗的な都市には徹底的な破壊や殺戮をもって応じました。これにより、背後に控える諸勢力は、進んでモンゴルの軍門に降ることになったのです。これは、モンゴルが比較的短期間のうちにユーラシアの広域を制覇した、戦略上で重要な要素であると考えられます。

　さらに、こうした作戦行動には優秀な指揮官が必要であることは言うまでもないでしょう。加えてより重要なのは、包括的かつ首尾一貫した戦争計画です。戦争は決して軍だけで遂行されるものではありません。その背後には政府の政策の一部として実行されるという側面もあります。したがって、戦場で軍を率いる指揮官と政府との間に軋轢が生じると、軍事行動に支障が出るのは当然の成り行きです。

　1つの戦いで勝利を得るためには、各方面で膨大な決断を下す必要がある

のです。

「殱滅」と「攪乱」――「決戦」の条件となる戦場とは？

　ではここで、再び「戦場」に話を戻しましょう。実際に交戦状態に突入すると、これまでの戦略で積み重ねた優位性を実証する必要が生じます。つまり、戦闘における勝利です。しかし、先述のように、戦闘が長引いてしまうと、どれだけ優位に戦争を進めようとも、国力の疲弊や消耗を強いることになります（この「疲弊」と「消耗」もまた、戦略として普遍的に見られます）。

　そこで、最小限の損害で最大限の成果を得る、「相手の強みを減殺しつつその弱みを利用する」という目標が改めて重視されます。この目標を達成する理想的な手段が、「殱滅」と「攪乱」です。「殱滅」とは敵の兵力を大幅に減殺することで、「攪乱」とは敵の戦意喪失を（なかでも想定外の機動や奇襲によって）強いるものです。「殱滅」と「攪乱」はこのように明確な違いを持ちますが、実際の戦場では、しばしば一体となって機能することが多いのです。

　「殱滅」と「攪乱」が一体となり、大きな効果をもたらす傾向にあるのが、大規模な会戦です。大規模な会戦で決定的な勝利を得ることができれば、敵の兵力を大幅に減殺できるばかりか、その戦意をも挫くことが可能となります。これは、戦争全体の早期終結を大きく促す主因となりうるのです。

　「殱滅と攪乱が効果的に機能し、戦争の勝敗を決定づけた戦闘」は、間違いなく「決戦」と呼ぶに相応しいと言えるでしょう。しかし、これはあくまで概念上のものであり、いわば理想論です。実際の戦闘では、当然ながらこれらの条件に必ずしも適合するとは限りません。それこそ、「戦場の霧」をはじめとする、様々な不確定要素が生じるためです。

　それでもなお、たった1度の会戦が、戦争そのものの帰趨を決する可能性を秘めている以上、「決戦」に賭ける将兵は普遍的に見られます。また、偶発的に生じた戦闘が、大局的に見て「決戦」となった例も少なくありません。ここで気を付けなければならないのは、「決戦」は必ずしも大規模な戦力同

士の会戦とは限らないということです。偶発的であれ小規模であれ、戦略上（ないし政治的）に重要な戦果を上げた戦闘が、「決戦」の条件に適合すると言えるでしょう。

したがって、本書で言及する「決戦」とは、

(1)「殲滅と攪乱」が効果的に機能し、勝利に貢献した戦闘
(2) 戦争目的に最大の貢献をもたらした（あるいはそれに準じる）戦闘
(3) 何らかの技術革新をもたらした戦闘

のいずれかの条件を満たすもの、であると定義します。

いずれにせよ、「決戦」となった歴史上の戦場では、果断な「決断」がなされたことはほぼ共通しています。何が戦場を決定づけ、何が歴史を決定づけたのか？　戦闘の勝敗を分けた、そして歴史の明暗を分けた「決断」を、読者のみなさんとともに追体験していきましょう……。

第Ⅰ章
古代の戦場
―― 歴史が始まるとき、戦争も始まる

1. 古代の戦闘技術

人類の歴史と戦争の黎明

　人類がいつ頃から戦争を始めていたかについては、様々な議論があり、いまだはっきりとした結論は得られていません。しかし、人類が自身の過去を記録する以前、すなわち先史時代から、すでに人間同士での戦闘あるいは戦争が始まっていたことはほぼ確実です。例えば、1990年代にドイツのシェーニンゲンから先史時代の槍が出土しましたが、これは狩猟具と武器の両方の性質を持っていました。

　先史時代の出土品からは、狩猟具と武器を判別することは困難です。一方で、前近代に世界的に使用された武器の多くは、狩猟や伐採などに用いた道具から発達したことは、疑いようがありません。人類は道具を、最初は自身の生活に用いていましたが、まもなくその刃を同じ人間にも向けるようになったのです。

　紀元前3000年頃を境に、ユーラシア各地で大河を中心とした地域に文明が生じます。これらの地域では、おもに農耕地帯の争奪が戦争の原因となることが多かったようです。その一例が、メソポタミア（現在のイラク）の都市国家であるラガシュとウンマの一連の戦争です。この2つの都市国家は、グ・エディン・ナと呼ばれた肥沃な一帯をめぐって断続的に争い、その期間は200年近くにも及ぶとされます。

　このラガシュの王であったエアンナトゥム（位前25〜前24世紀頃）は、「禿鷲の碑」という石碑を残しており、これが現存する最古の戦争の記録とされます（図2）。また、同じくメソポタミアで出土した「ウルのスタンダード」という工芸品には、「戦争の場面」と呼ばれる面に、兵士やチャリオット（戦

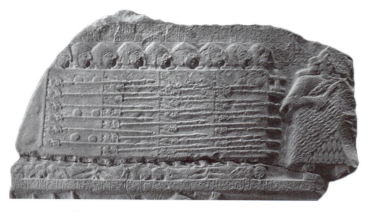

図2 「禿鷲の碑」におけるシュメール兵の描写

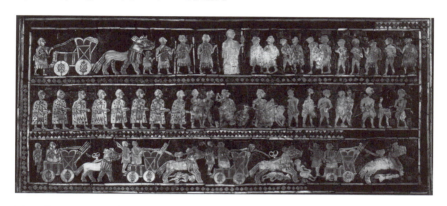

図3 「ウルのスタンダード」における「戦争の場面」
ウルの前2600年頃の王墓より出土し、現在は大英博物館が所蔵している。片面に戦争、反対側に平和（饗宴）の場面がそれぞれ描かれており、「戦争の場面」では中段左に歩兵、下段に驢馬に引かせたチャリオット（戦車）が描かれている。

車）が描かれ、当時の軍隊の様子が窺えます（図3）。

　戦争の発生とともに見逃せないのが、都市などの要塞建築です。一部の例外を除き、ユーラシア各地では古代より周囲を城壁で囲った「都市」が登場します。この都市、より厳密には城郭都市の出現は、これらの都市が位置する地域が、恒常的な戦闘状態に置かれていたことを仄めかします。そしてこの都市国家こそが、世界史における国家の最初期の形態でもあるのです。都市国家の形成と戦争は、切っても切り離せない関係にあったと考えられるでしょう。

1. 古代の戦闘技術

メギド
詳細に記録された初の戦争

前1457

背景

　紀元前15世紀、エジプトは大国への道を着実に歩んでいました。当時のエジプトは新王国と呼ばれる時期にあり、前16世紀にヒクソスという異民族を排除してエジプトを再統一して以来、歴代の新王国時代のファラオ（エジプトの君主）は積極的な対外膨張に勤しみました。例外だったのが女王ハトシェプスト（位前1479/8頃～前1458頃）の治世で、彼女に次いでファラオに即位したのが、トトメス3世（位前1479～前1425）でした。

　トトメス3世が即位した当時のエジプトでは、ミタンニ王国（ミッタニないしハニガルバト）を後援とするシリア・パレスティナの都市国家群が、エジプトに対し反抗の意を露にします。元来、シリア・パレスティナの都市国家群はエジプトの支配を受けていましたが、先代のハトシェプストが外征を控えたことで、その離反が加速したのです。そこで、トトメス3世は外征を決意します。トトメス3世は、まずエジプト本土と接するパレスティナ南部、カナーン人の都市国家を標的に定めます。カナーン人の都市国家の一つであったカデシュの王が、同じ都市国家のメギドに軍を進めていたためです。トトメス3世は、カデシュの軍をメギドから排除することで、シリアへ北上するための拠点を築こうと考えます。同時に、ここでカデシュとメギドの連合軍に勝利することで、カナーン人諸都市の帰順をも狙います。

　トトメス3世はその在位中に17回の外征を敢行しましたが、今回のメギドへの遠征では、その初期でありながら最大の戦闘が展開されるのです。

戦力と経過

　この遠征とメギドの戦いは、信頼に足る詳細な記録が残されていること

でも知られています。トトメス3世は戦後にこの遠征を、カルナークのアモン・ラー神殿に碑文として刻むよう命じたからです。

トトメス3世率いるエジプト軍は、チャリオット（戦車）を含め1〜2万人の規模であったといい、対するカデシュを中心とするカナーン連合軍は、エジプトと同程度の1万5000人ほどであったと記録されています。

カデシュ王は周辺のカナーン人首長たちを呼び集めて、

図4　前15世紀のエジプト

自身の軍とともにメギッドに入城します。一方、トトメス3世はエジプト本国の国境近くに位置するジャルの要塞（現在のスエズ運河の東岸付近）を出立し、友好都市ガザを経て、メギッドにほど近いイェヘムまでの道のりを踏破します。メギッドは堅固な城塞都市でしたが、カナーン連合軍はイェヘムからメギッドへの道が限られていることから、エジプト軍の行軍ルートを予想し、これを待ち受けます。トトメス3世もこれを百も承知で、メギッドへの道を進むことにしたのです。

イェヘムに陣を張ったトトメス3世は、ここで幕僚とともに軍議を開きます。エジプト軍の陣地からメギッドまでの道は全部で3つあります。北の道はヨクネアムを経由し、南の道はタナアクを経由するもので、中央の道はまっすぐにメギッドへと通じる道です。北の道と南の道は、どちらも距離はやや長いものの道幅が広く、また終着点が渓谷であることから、途中で奇襲を受けにくいという特徴があります。一方で中央の道は、距離は南北の道に比べ短

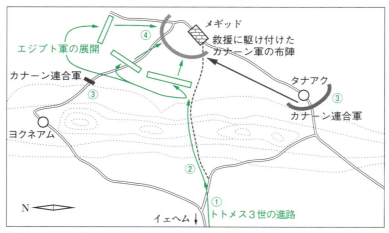

図5　メギッドの戦い

いですが、道幅が狭い峠道で、奇襲を受けるリスクもあります（図5）。

南北の幅が広い道を通って迂回するか、中央の幅が狭い道を進軍するか？

　トトメス3世の将軍たちは、安全な北か南の道を採用するよう進言します。しかし、トトメス3世はこれを一蹴します。安全な北か南の道を通ることは、カナーン連合軍がまさに期待していることであり、どちらも恐らく大軍が配備されているだろうと反論します。対して、中央の道は大軍が移動するには不便だからこそ、敵も油断しているに違いないと、トトメス3世は判断します（①）。これが、彼の「決断」でした。

奇襲のリスクを承知で、中央の幅が狭い道を選択した。

　軍議を解散すると、トトメス3世は早速行軍を開始します。彼の予想はものの見事に的中しました。エジプト軍は全軍の移動に約半日を要しました

が、それでも兵士一人たりとも失われず、峠道を抜けた先は完全に無防備でした（②）。カナーン軍のほぼすべての兵が、北のヨクネアムと南のタナアクでエジプト軍を待ち受けていたのです（③）。

エジプト軍がメギッドの手前に到達したことを知ったカナーン軍は、すぐさまとって返しましたが、陣形を整える十分な時間もないまま、エジプト軍のなすがままにされます（④）。なかでもエジプト軍のチャリオットは、その機動力を存分に発揮して、カナーン軍に甚大な損害を与えます。カナーン軍の裏をかいて奇襲に成功したトトメス3世は、メギッドの城外で大勝利を得ました。

結果と影響

城外で大勝利を得たトトメス3世でしたが、このときエジプト兵がカナーン軍の設営地で略奪に及んだことで、カデシュ王とメギッド君主を取り逃がし、またメギッドの守備隊に城門を閉じる時間を与えてしまいました。このため、メギッドはその後7ヵ月に及ぶ包囲の末、ようやく陥落します（ちなみにこの包囲戦でも、カデシュ王は辛くも逃亡します）。

ともあれ、このメギッドの戦いでのトトメス3世の勝利により、エジプトはシリア・パレスティナにおいて確固たる拠点を築くことに成功します。トトメス3世はメギッドの戦いを戦略に位置付けることも忘れませんでした。彼はこの勝利を詳細に記録することで、国内外に対しエジプトおよびトトメス個人の威光を示すプロパガンダとしたのです。

実際、メギッドの戦後にバビロニアやヒッタイトなど当時のオリエントの大国は、こぞってエジプトに使節を派遣し貢物を献上したほどです。トトメス3世在位中の17回にわたる外征により、エジプト新王国はオリエントの超大国としての地歩を固め、最終的に古代エジプトの最大領土を実現させるのです。

メギッドの勝利を最高潮とするトトメス3世の遠征は、古代における殲滅と攪乱の好例であり、政治的な意思決定も交えた戦略が、よく反映された軍事行動だったと言えるでしょう。

さて、このメギドの戦いには2つの余波があります。一つは、キリスト教です。メギドはエジプトとメソポタミア、シリアを結ぶ交通の要衝に位置したことから、戦場となったのは今回だけではありません。以降も、概ねアケメネス朝がオリエントを統一する前6世紀まで、様々な大国が何度となくこの地で干戈を交えたのです。このためか、『新約聖書』の「ヨハネ黙示録」において、世界の終末における、善と悪の最終決戦の地名としても言及されます。メギドはギリシア語（すなわち『新約聖書』）では「ハルマゲドン（英語ではアルマゲドン）」と称されます。

　もう一つは、第一次世界大戦です。実は、第一次世界大戦の戦闘の一つにも、「メギドの戦い」があるのです。トトメス3世の勝利より約3400年後、1918年9月に、当時イギリスの保護国であったエジプトに派遣された軍人に、エドマンド・アレンビー（1861〜1936）がいました。エジプトはイギリスの最重要植民地であるインドへの中継路に位置するため（なかでも重要なのがスエズ運河）、同盟国側で参戦したオスマン帝国とともに、ドイツは援軍を派遣してエジプトの安全を脅かしていたのです。

　ここでアレンビーは、ドイツ・オスマン軍の駐屯地があるメギドを攻めることにします。このとき、まさに3400年前とまったく同じ状況になりました。アレンビーもまたトトメス3世と同じく、メギドに至る3本の道に直面したのです。そして、アレンビーが選んだのもまた、トトメス3世と同じでした。イギリスの植民地各地より集結した騎兵隊を率い、アレンビーは中央の峠道を進軍します。

　結果はまたもや大成功でした。やはり中央の峠道は無防備なままで、アレンビー率いるイギリス軍は数百人もの捕虜を得た一方、自軍は数頭の馬を除いて一人たりとも戦死者を出さなかったのです。のちにアレンビーが回顧するところによると、彼はトトメス3世の遠征を熟知しており、歴史を再現しようと決めていたのです。かつて大勝利をもたらした「決断」が、数千年の時を経てもまた、新たな勝利を引き寄せたのです。

2. 諸兵科連合の出現

騎兵 —— 兵科の登場

　さて、古代世界では、軍事史における顕著な技術革新がいくつも生まれました。古代の軍事革新の代表は、何といってもチャリオット（戦車）の出現でしょう。チャリオットとは、兵士の乗った車体を動物に引かせるもので、「戦馬車（戦闘馬車）」と言った方が実態には即しているでしょう。とはいえ、引かせる動物は馬とは限りません。

　チャリオットの起源は車輪の起源に等しいと言えます。そもそも、「車輪」という道具の発明自体が、歴史に大きな影響を与えた画期的な発明の一つに数えられます。その車輪の起源は、いまだはっきりとしたことはわからないものの、紀元前3000年代にユーラシア各地で局地的に使用が広まっていったと考えられます。そうした起源の一つが、メソポタミアです。メソポタミアで最初に文明を築いたシュメール人は、車輪を開発し、これを驢馬などの役畜に引かせていました。シュメール人はまもなくチャリオットにも車輪を応用しています。シュメールのチャリオットは、木製の車輪の周囲を銅板で覆って保護するなどの工夫も見られます。

　もう一つの起源は中央ユーラシアです。この地域は「ユーラシアステップ」と呼ばれる広大な草原地帯のほぼ中央に位置しており、古くから馬の生息地でもありました。中央ユーラシアでは、前2000年頃にユーラシア各地に広まるチャリオットの直接の原型が登場します。ここで注目すべきは車輪の変化です。シュメール人の車輪は半円形の板を2枚合わせただけのものでしたが、中央ユーラシアの車輪にはスポーク（輻）が取り付けられます。スポークは車輪の重量を軽くし、一方で車輪の強度と柔軟性を増すことを可能とします。

図6　ヒッタイトのチャリオット（前14世紀）　　　図7　帝政ローマの皇帝近衛騎兵
　　　　　　　　　　　　　　　　　　　　　　　　　　（再現図：2世紀）

　スポーク付きの最古の車輪はロシアで発見されており、これが次第にユーラシア各地に広まって一般化したものと考えられます。同時に、このスポーク付きの車輪を使用したチャリオットもまた、ユーラシア各地で普遍的に見られるようになります。

　チャリオットの普及は、戦場における戦術の幅を大きく広げました。チャリオットの最大の特徴は機動力にあります。敵陣の中央を疾駆して突破する、弓兵や投槍兵を乗せて安全な距離から射撃をする、さらに増援や退却といった兵士の移送にも活用できるなど、柔軟な運用がなされたのです。

　しかし、このチャリオットがもたらした軍事技術の変化はこれだけではありません。従来の戦争では、槍、斧、剣、弓といった兵器の違いこそあれ、使用する兵士は概して徒歩で戦っていました。チャリオットはこうした徒歩の兵士とは比較にならない機動力や衝突力を有する戦力でした。これが、「騎馬戦力（騎兵）」の誕生です。そして騎馬戦力の誕生により、従来の主力

となった兵を「歩兵」と称して区別するようにもなります。

　チャリオットは前1200年頃を境に、単独の馬に1人の騎手が乗る「騎馬兵」（通常は「騎兵」と言えばこれを指します）に徐々に取って代わるようになりますが、戦場での運用において、指揮官は各々の戦力の役割を意識せざるを得なくなります。すなわちチャリオットは「騎兵」という兵科、というよりも、そもそも「兵科（あるいは兵種）」という概念を戦争にもたらしたのです。

　以降の戦争では、様々な兵科が共同で戦場に立つことがほぼ定石となり、各々の兵科の長所・短所を意識した運用が、勝利には不可欠となります。これを「諸兵科連合」と呼びます。チャリオットの発明は、戦略・戦術において諸兵科連合という、新たな課題をもたらしたのです。

カンナエ
前216

古代世界で最高峰の芸術的戦闘

　カンナエの戦いは軍事史上で非常に名高い戦闘です。とりわけこの戦闘は、「殲滅」と「攪乱」の好例、なかでも包囲殲滅戦の典型として紹介されます。つい近年まで、世界各地の士官学校や幹部学校における戦術・戦略教育課程で、カンナエの戦いは必ずと言っていいほどカリキュラムに含まれていたくらいです。

　しかし、このカンナエの戦いは史上稀に見る勝利でありながら、戦争の早期終結には貢献できませんでした。そればかりか、この戦闘で勝利をつかんだ側が最終的に戦争に敗北するという、一見すると不可解な結果に終わったのです。つまり、カンナエの戦いは「決戦にあと一歩及ばなかった」勝利であったと言えます。

　なぜ、カンナエの勝利は活かされなかったのか。この謎を解くべく、まずはカンナエの戦いに至る背景から見ていきましょう。

背景

　紀元前5世紀、地中海で新興勢力が台頭をはじめます。その名はローマ。もとはイタリア中部に位置する都市国家でしたが、エトルリア人の支配を脱する（前509）と、前272年までにイタリア半島の統一に成功します。ローマはこのイタリア統一の過程で、エトルリア人、サムニウム人、ギリシア人といった諸勢力と戦います。なかでも紀元前280～前275年にかけて争ったピュロス戦争は、ローマにとって最大の試練となりました。こうした幾度にも及ぶ戦争を経験したことで、ローマは軍事強国として頭角を現します。

　半島を統一したローマが次に目を付けたのが、穀倉地帯であったシチリア島です。しかし、この豊かな島は、かねてから対岸のカルタゴもその支配を狙っていました。カルタゴはフェニキア人が建設した植民市であり、当時の地中海で最強の海軍大国です。こうして、ローマとカルタゴの間で戦争がはじまります。これがポエニ戦争です。ポエニ戦争は3度にわたって争われます。第一回（前264～前241）では、当時海軍を保持していなかったローマが、創意工夫の末に海戦で大戦果を収め、カルタゴに勝利します。これにより、シチリア島はローマの支配下に置かれ、ローマは初の海外領すなわち属州を手にすることになります。

　しかし、カルタゴにはローマに対する報復を訴える声も少なくはありませんでした。第一回ポエニ戦争で活躍したカルタゴの将軍ハミルカル・バルカは、戦後にシチリアに代わる拠点を求めてイベリア半島への入植を進めます。これは国家事業ではなく、ハミルカルの一族であるカルタゴの名門・バルカ家の独力によるものです。ハミルカルは拠点カルタゴ・ノウァ（現カルタヘナ）の建設中に志半ばで戦没し、彼の義理の息子であるハスドルバルが事業を引き継ぎます。この過程で、バルカ家はイベリア半島の先住民との戦闘、あるいは彼らを傭兵として迎えることで、兵力の拡充を進めました。

　前221年にハスドルバルが暗殺されると、26歳になったハミルカルの実子がその遺志を継ぎます。彼の名は、ハンニバル・バルカ（前247～前183/2）。

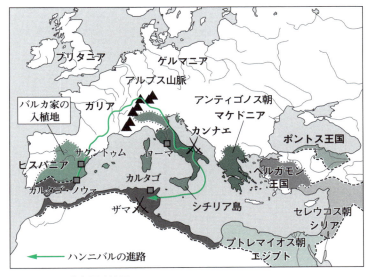

図8　ポエニ戦争関連地図

このハンニバルこそ、古代世界最高の戦術家として名を馳せ、またローマにとってその名は悪夢を想起させるものとなるのです。

ハンニバルの猛攻

　前219年、ハンニバルはローマと同盟を組んでいた都市国家サグントゥムに兵を向け、陥落させます。このサグントゥム攻略をもって、第二回ポエニ戦争が始まるのです（〜前201）。前218年に、ハンニバルは拠点カルタゴ・ノウァより大軍を率いて出発し、陸路でイタリア半島すなわちローマを目指します。

　ハンニバルは冬場のアルプス山脈越えを敢行します。困難を極めるアルプス越えは、事故や飢え、寒さに悩まされ、ハンニバル一行が踏破した頃には、兵力は出発時の4割ほどにまで消耗していました。

　しかし、イタリア半島に侵攻するや、ハンニバルは各地で猛攻を繰り広げます。浮足立ったローマを相手に、トレビア川の戦い（前218）やトラシメヌス湖畔の戦い（前217）など、各地でハンニバルは連戦連勝を重ねます。

北イタリアで勝利を飾ったハンニバルは、続いてローマには直接向かわず南イタリアに出兵します。イタリア半島の各都市をローマから離反させるためです。

ローマは危機的な事態の只中に置かれました。ローマではディクタトル（独裁官）に就任したクィントゥス・ファビウスがハンニバルに対峙します。といっても、直接の戦闘を避け、ハンニバル軍の目前で兵を引き上げるといういわば遷延戦略をとります。しかし、この遷延戦略はローマ市民には不評であり、ファビウスがディクタトルを辞すると、これと前後してコンスルに就任したガイウス・テレンティウス・ウァロら主戦派が動き出し、彼らはハンニバルとの決戦を望みます。ローマは大軍を率いてハンニバルの迎撃に向かい、ハンニバルもこれを受けて立つことで決戦に持ち込もうと「決断」を下します。その戦場となったのが、南イタリアのカンナエ（現カンネ・デッラ・バッターリャ）でした。

決戦の選択2 自軍の倍近い兵力のローマ軍にどのように対抗するか？

両軍の戦力

ローマ軍

ローマ軍はこれまでにハンニバルに連敗を喫した経験から、圧倒的な兵力で決着をつけようとします。ローマ軍は総兵力約8万人とされ、このうち7割以上を歩兵が占めていました。ローマ軍の主戦力は帝政期までを通じて歩兵であり、この歩兵の中核となったのは重装歩兵でした。重装歩兵とは、ローマ市民権（＝参政権）を条件に軍役を課された市民です。つまり、プロの兵士、職業軍人ではありません。

重装歩兵の出自は中小農民が多くを占めていました。彼らは武装の自弁が要求されたため、資産に応じて装備や役割が異なっていました。共和政

ローマでは、歩兵は以下の3集団からなります。

- ハスターティ……第一戦列を構成。若年層が中心であり、体力を武器に敵軍への正面攻撃を務める。
- プリンキペス……第二戦列を構成。壮年層からなり、ハスターティの正面攻撃の補佐にあたる。
- トリアーリィ……第三戦列を構成。経験豊富な熟練者からなり、予備部隊として軍の撤退に必要な時間を稼ぐ。このため、敗戦が濃厚な場合に投入されることが多い。

この他、貧民層からなる散兵隊velitesが、敵軍の本隊との前哨戦に投入されます。

一方でローマ軍の騎兵戦力は比較的規模が小さく、当初はローマ人の富裕層からなるエクィテス（equites、騎士）が主力でしたが、この頃はイタリアの同盟市から提供される支援軍騎兵alaがその中核でした。ローマ軍の主力はあくまで歩兵であり、騎兵は補助戦力と見なされ、その役割も比較的限定的なものでした。

カルタゴ（ハンニバル）軍

ハンニバル率いるカルタゴ軍は、イタリア半島に到達するまでに兵力の相当数が消耗していました。カンナエの戦いにおけるハンニバル軍は、現地で雇用した傭兵などを含め約5万人の兵力とされます。

ハンニバル軍で注目すべきは騎兵戦力の充実です。ハンニバル軍の騎兵の主力はヌミディア騎兵でした。ヌミディアとは北アフリカに存在したベルベル人の王国で、優秀な騎兵戦力で知られた国でした。ヌミディア騎兵は古代世界における最高の騎兵戦力の一つと称されることもあり、カルタゴは同盟国であったヌミディアから傭兵としてこの騎兵を迎えていました。

また、ハンニバル軍はカルタゴ軍の伝統に則り、その中核は傭兵でした。

なかでもイベリア半島のケルティベリア人（ケルト系イベリア人の総称）からなる歩兵は、その精強さで知られました。イベリア半島は良質な鉄鉱石の産地であり、ケルティベリア人は優れた武器の加工技術を有していました。また、山岳や丘陵といった起伏の差が大きい地形から、ケルティベリア人の戦士は軽装備で機動戦を仕掛ける散兵戦を得意としました。

　では、いよいよ両者の戦闘が始まります。

戦闘経過

　カンナエの戦場における両軍の布陣は以下の通りです。

- ローマ軍……歩兵隊を中央に配置し、両翼に騎兵隊を控えさせる。
- カルタゴ軍……中央に歩兵隊を配備し、7つの部隊に分割する。両翼には騎兵隊を配備。

　中央を歩兵、両翼を騎兵で配備する方法は両軍に共通しています。しかし、兵力で圧倒的に下回るハンニバルは、ローマ軍の布陣を分析し、歩兵では劣るものの騎兵戦力では自軍が勝っていることを察します。そこでハンニバルは、自軍の中央部隊を軍の最前線に置き、また兵力もあえて薄くします。この中央部隊は軽快なケルティベリア歩兵からなります。

　ここから戦闘開始です（図9）。血気に逸るローマ軍の指揮官ウァロは、カルタゴ軍の中央が薄いことを見るや、中央突破でカルタゴ軍の分断を図ります。このため5万のローマ歩兵は中央部に殺到します（①）。しかし、軽快なケルティベリア歩兵からなるカルタゴ歩兵の中央部隊は、投槍や矢などを放ちながら後退を繰り返します（②）。この部隊は囮だったのです。と同時に、カルタゴ軍のヌミディア騎兵が両翼のローマ騎兵に襲い掛かり、ローマ騎兵を早々に追い散らして追撃します（③）。

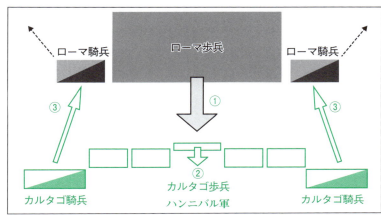

図9 カンナエの戦い1

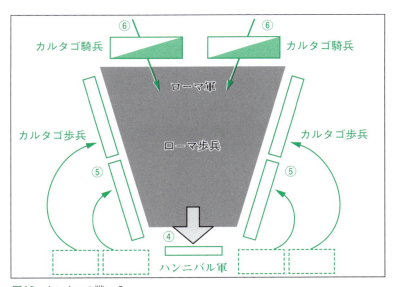

図10 カンナエの戦い2

囮の歩兵隊を追跡しようと、ローマ軍歩兵は縦に伸びた隊形に乱れます（④）（**図10**）。ここでハンニバルは、右翼と左翼の歩兵隊に、ローマ軍の側面を包囲するよう命じます（⑤）。さらにこれと同じタイミングで、ヌミディア騎兵が追撃から戦線に復帰し、後方からローマ軍に突撃します（⑥）。

この期に及んで、ローマ軍は四方を完全にカルタゴ軍に包囲されます。完全に包囲されたことに気づいたローマ軍は恐慌状態に陥り、もはや戦闘どころではありません。浮足立ったローマ軍を、カルタゴ軍は周囲より徐々に攻め続け、最終的に勝利を収めるのです。

騎兵戦力が優位であると見抜き、包囲殲滅戦を展開した。

結果と戦後

　カンナエの戦いでは、ハンニバル率いるカルタゴ軍が6000人ほどの死傷者を出しました。一方のローマ軍は、6万人が死傷し1万人が捕虜になり、たった1度の会戦で全軍の8割近い損害を被るという、まさに壊滅的な敗北を喫しました。このカンナエの戦いにおけるハンニバルの戦術は、アレクサンドロス大王も多用した「金床と槌」戦術（歩兵で敵軍の主力を引き付け騎兵で側面・背面より包囲・挟撃する戦術）を応用させたものであり、ハンニバルはその戦果も相まって、古代西洋世界における戦術家の最高峰に位置付けられたのです。

　カンナエの戦いで大勝利を挙げたハンニバルでしたが、以後の戦況は次第に失速します。切り崩しにかかった南イタリア都市がなかなかローマから離反せず、また壊滅的な損害を被ったローマではファビウスがディクタトルに復帰し、再び遷延戦略でハンニバルの消耗を促します。以降のローマ軍は各地でハンニバルとの会戦を徹底的に避け、ローマは徐々に南イタリアで支配地を取り戻していきます。こうしてハンニバルは10年もの間、南イタリアに釘付けになるのです。

　ハンニバルが身動きの取れない隙に、ローマでも彼に対抗しうる指揮官が登場します。プブリウス・コルネリウス・スキピオ、通称「大スキピオ」と呼ばれる人物です。大スキピオは、まずイベリア半島を攻略し、ハンニバル

の退路を断ちます。そして立て続けにカルタゴ本国に兵を送り、カルタゴ市の包囲に取り掛かります。これを受けてハンニバルは、本国救援のため急遽南イタリアより撤退します。

　ハンニバルは大スキピオを撃退するため、カルタゴの郊外で大スキピオに決戦を仕掛けました。これがザマの戦いです（前202）。しかし、この戦闘は大スキピオに軍配が上がりました。ハンニバルの敗北を受け、カルタゴはローマに降伏し、最終的に第二次ポエニ戦争もまた、ローマの勝利に終わったのです。

　なぜ、ハンニバルは敗北したのか？　一つは、ハンニバルの決戦兵力であったヌミディア騎兵が、ローマに寝返ったためです。大スキピオはヌミディア王国の内紛に介入し、ヌミディアの同盟国をカルタゴからローマに切り替えさせたのです。しかし、最大の敗因はハンニバル自身にあったと言えるでしょう。端的に言えば、ハンニバルは派手に勝ちすぎました。あまりに芸術的な勝利を何度も飾ってしまったため、彼の戦術は徹底的に分析・研究されてしまったのです。ハンニバルへの対策を万全に講じた大スキピオは、最終的な勝利をものにしたのです。

戦略的敗北

　とはいえ、ハンニバルの敗因は彼自身による歴戦の勝利と、ローマ軍による分析だけに帰せない部分があります。そもそも、この第二回ポエニ戦争は、ハンニバルが独断でローマに宣戦した、いわばバルカ家による「私戦」という性格がありました。したがって、当時の本国カルタゴでは、ローマとの開戦に反対する一派も根強く、戦争全体を通じて、ハンニバルは本国から安定した支援を得られるとは限りませんでした。

　また、対するローマも、カンナエの大敗によって、ハンニバルとの交戦があまりに危険であることがようやく認識されます。カンナエの戦いの直前までディクタトルであったファビウスの戦略が正しかったと、ローマ人はようやく悟ったのです。ファビウスは国政に復帰し、やはり遷延作戦でハンニバ

ルに臨みます。ハンニバルが「殲滅と攪乱」を狙ったのに対し、ファビウスは「疲弊と消耗」で対抗したのです。

　ハンニバルの最大の誤算は、カンナエの勝利をもってしても、ローマから離反した都市が予想より少なかったことです。ただでさえ本国からの支援のないハンニバルは、敵国の奥深くで身動きが取れなくなります。これにより、ハンニバルは進むことも引くことも能わず、10年も南イタリアにとどまることになるのです。ハンニバルが身動きの取れないうちに、ローマは新兵を補充し、大スキピオという優秀な指揮官を得たこともあり、シチリア島やヒスパニアを攻略してハンニバルの退路を断ち、最終的にローマは戦争での勝利をつかんだのです。

　カンナエの戦いは、いかに芸術的な勝利であっても、戦略的な優位なしには「決戦」になり得ないという教訓を示した戦闘と言えるでしょう。決してハンニバルに長期的な視点が欠けていたわけではありません。しかし、彼は戦術家としては最高峰にあったとはいえ、戦略家として優れていたとは言い難い面があったのもまた事実です。

　最大の問題点は、ハンニバルが当初の想定が誤りであると気づいた際に、これに取って代わる案を持ち合わせていなかったことです。ハンニバルは大規模な会戦での圧勝により、ローマは降伏を余儀なくされると想定しました。この見立て自体は、当時の戦争の定石であり、必ずしも誤りではありません。しかし、現実にはローマは降伏を拒んで戦争を続行したのです。この意味で、ハンニバルはローマに意表を突かれ、いわばローマの「奇襲」を受けたことになったのです。

3. 攻城戦
都市と城壁をいかに破るか

/「城壁の陰で勇敢になるなど、容易いことだ」

(ウェールズの諺)

　前節で諸兵科連合の形成について検証しましたが、古代における軍事技術には、もう一つの重要な要素があります。それが、攻城戦の誕生です。攻城戦は包囲戦とも言い換えることができ、都市や城塞といった拠点を、文字通り取り囲んで攻めることを言います。

　文明の誕生とともに、世界各地では様々な都市が形成されました。この都市の最大の特徴が、周囲を取り囲む「城壁」です。シュメール人の都市国家や、古代ギリシアのポリス、古代中国の邑など、いずれも城壁で囲まれた都市、いわば城郭都市が成立します。都市の形成は都市国家、すなわち歴史上で最初期の国家の成立に他ならず、最初期の国家間戦争の最終局面となったのが、攻城戦でした。

　歴史の初期より、都市は様々な工夫により自衛の手段を講じました。身の丈を超える高い城壁、兵の行く手を阻む逆茂木や深い堀……こうした障害物だけでなく、大抵の都市や城塞は、兵糧攻めにも耐えうるように、食糧をはじめ物資も十分に備蓄しているのが常です。

　軍事学の定石では、攻城戦では包囲する側はされる側の10倍の兵力が必要であるといいます。概して、包囲する側のリスクの高さはされる側の比ではなく、包囲側が籠城軍に先駆けて飢餓に見舞われる、といった事例も少なくありません。もちろん、十分な兵力に包囲された籠城軍は逃げ場が失われるわけですから、城壁内に敵が入り込もうものなら壊滅的な被害は避けられません。

都市の形成とともに、攻城技術の開発も進むことになります。古代世界における攻城戦の名手としてよく名が挙がるのが、オリエントのアッシリア帝国です（前911〜前609）。アッシリアが醸成させた攻城技術は、破城槌や攻城塔といった兵器、さらには地下に坑道を掘削し、城壁を崩すための土木工事などです。とりわけアッシリアでは、こうした土木工事に従事する「工兵」という兵科を重視しました。アッシリアは文字通り（ヒッタイトから伝来した製鉄技術により）鉄の軍隊に、卓越した攻城技術を備えたことから、オリエント世界を初めて統一し史上最初の「世界帝国」となります。

　アッシリア帝国の崩壊後に、攻城技術の進歩に大きく貢献したのが、古代ギリシア世界でした。古代ギリシアは西洋文明の源流とされますが、これは軍事技術においても例外ではありません。特にギリシアは、数学や科学技術が発達したこともあり、今日に近い意味での「科学」に基づいた、機械や構造物の設計や製作、さらに運用がすでに見られました。前4世紀後期からヘレニズム時代が到来すると、攻城技術とこれに対抗する城塞の築城技術が、目覚ましい革新を遂げます。

　このギリシア・ヘレニズム期の攻城技術は、さらに古代ローマに伝播します。ローマは、かつて彼らを支配したエトルリア人より、優れた建築技術を習得しました。この建築技術を応用し、ローマ軍は古代世界でも有数の攻城戦の名手としても知られるようになります。ローマは地中海世界にその支配を広げ、その過程で多くの攻城戦に臨み、これを攻略しました。そうしたローマ軍による包囲戦の一例が、今回紹介するアレシアの包囲戦です。

アレシア
ローマ攻城技術の真骨頂

前 52

　アレシアの戦いは、ローマ軍の攻城技術が遺憾なく発揮された典型的な戦闘です。また、この戦闘は、カエサルによるガリア遠征（ガリア戦争）の最

終局面でもあり、その勝利に直接結びついたという点からも、「決戦」と見なすことができます。

　注目すべきはその包囲網の規模の大きさです。堅牢なアレシアの城塞に籠城するガリア軍に対し、カエサルは厳重な包囲網を築きます。一方で、カエサルはアレシアの包囲を突破しようとする救援軍の接近にも対処せねばなりませんでした。これらの懸念材料に対し、カエサルはどのように対処したのか、この点に注目してみましょう。

背景

　前8世紀に都市国家として建国されたローマは、前509年にエトルリア人の支配から脱すると、ポエニ戦争などの外征により属州と呼ばれる海外領を積極的に拡大しました。しかし、属州の拡大は中小農民の疲弊を招き、無産市民として事実上破産する市民が増加します。ギリシアやローマでは、市民の条件（市民権＝参政権を手にすること）が、「武装を自弁して従軍する」という市民皆兵制の原則に基づいていたため、無産市民の増加は従軍できる市民の減少を意味します。

　武装した市民は歩兵として戦い、これらは重装歩兵と呼ばれますが、弱体化した重装歩兵に代わり、無産市民に有力者が武装や俸給を支給する職業軍人制度が成立します。しかし、職業軍人は有力者の私兵となる傾向があり、このため政治闘争にも職業軍人が投入され、ローマは政情不安が長く続きました。この混乱を「内乱の一世紀」と呼びます。

　この「内乱の一世紀」を一時的に収拾したのが、クラッスス、ポンペイウス、カエサルの3人による第一回三頭政治でした（前60〜前53）。三頭政治の構成員は表面的には協調するものの、その裏では各々が自身の権益の拡大に勤しみました。このためカエサルは、自らの権益をガリアの地に見出します。

　「ガリア」とは現在のフランスにほぼ相当する地域で、当時のガリアはケルト系のガリア人が各地に部族社会を形成しており、統一国家はありませんで

図11　前52年頃のガリアの主要部族と拠点

した。とはいえ、ガリア人はその勇猛さで知られており、建国期よりしばしばローマ領を脅かす脅威でもあったのです。カエサルは、このガリア全土の征服を目論み、前58年に遠征に出立します。このカエサルによる一連の遠征は、ガリア戦争と呼ばれます（〜前51）。

　6年の遠征により、カエサルはガリアに着実に地歩を築き、またライン川を越えてゲルマン人を撃退し、ブリタニア（大ブリテン島）にも兵を進めるなど、活発な攻勢を展開しました。しかし、カエサルの攻勢はガリア諸部族の危機感を募らせ、ついに前52年にアルウェルニ族の族長ウェルキンゲトリクスを指導者に、ガリア広範の諸部族が連合軍を結成したのです。それまで統制の取れなかったガリア諸部族は、優れた指導者であったウェルキンゲトリクスの指揮の下で、焦土戦やゲリラ戦を展開しローマ軍を苦しめます。

　対するカエサルも、ビトゥリゲス族の主邑アウァリクム（現ブールジュ）の攻略に成功します。続いてウェルキンゲトリクスの立て籠もるゲルゴウィアに兵を進めますが、長らくローマの同盟部族であったハエドゥイ族が、

ウェルキンゲトリクスに接近しようという動きをカエサルは察知し、カエサルはゲルゴウィアの包囲を断念します。ウェルキンゲトリクスはこれを好機と捉え、カエサルを追撃しますが、逆にカエサルに撃退され、マンドゥビィ族の拠点アレシア（現アリーズ・サント・レーヌ近郊）に逃げ込みます。

カエサルはアレシアを包囲し、ここでウェルキンゲトリクスに対して決戦を挑もうと「決断」を下します。ここに、アレシア包囲戦が始まるのです。

兵力と包囲網の構築

アレシアに逃げ込んだウェルキンゲトリクスをはじめ、籠城するガリア軍は約8万人であったといいます。一方、包囲するローマ軍は約6万人でした。アレシアは2本の川の間に位置する高台に築かれた天然の要害であり、大軍をもってしても容易には攻略できません。しかしカエサルは、8万の兵力を維持しようとすればアレシアの兵糧はすぐに底をつくだろうと判断し、疲弊と消耗を待つため包囲網の構築を進めます。

包囲網が完成する前に、ガリア籠城軍の騎兵団がローマ軍を突破し、救援を要請しようとアレシアを後にします。カエサルは救援軍の合流を懸念し、内と外の両方に向けた包囲網の建設を急ぎます。まさに時間との勝負です。

決戦の選択3 包囲を継続するか、救援軍への対処を優先するか？

こうして、総延長28kmにも及ぶ包囲網が構築され、ローマ軍はこれを約3週間という短期のうちに仕上げます。この包囲網については、カエサル自身が記した『ガリア戦記』にも詳細に記録されており、また一部物証も発掘されています。『ガリア戦記』などを頼りに再現した構造物は、以下のようになります（図12）。

まず、アレシアの周囲に7つの陣営を設け、さらにこれらの陣営を高さ4mの土塁でつなぎ、合計23の塔を建てて監視と防御機能を補強します。また、

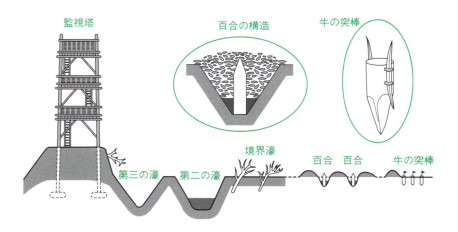

図12　封鎖施設の構造
カエサルはこの封鎖設備を自陣地の内側と外側の両方に設営するよう命じた。

　アレシアの西側に、2本の川を結ぶ壕を掘り、包囲網の内側と外側にもそれぞれ空堀を設けます。

　さらに、2列の壕の手前には、深さ1.5mの壕が5列掘られ、底には引き抜けないように根元を結び合わせた逆茂木を並べます。これは「墓標 cippi」と呼ばれます。「墓標」の手前には、1m間隔でサイコロの「5」の目のように、深さも1mの落とし穴を掘ります。この落とし穴には、先を尖らせた杭が中央に据え付けられ、これは「百合 lilium」と呼ばれます。「百合」の手前には、太く短い杭が無数に地面に埋め込まれ、この杭には2本の鉄の鉤が取り付けられました。これは「牛の突棒 stimulus」と呼ばれます。こうした防衛構造が、アレシア側と外側の両方に設置されます。

　アレシアの堅固な城塞に対し、カエサルも堅固な包囲網を敷き、籠城軍と救援軍に備えます（図13）。

包囲軍と救援軍の双方に対して決戦を挑むこととした。

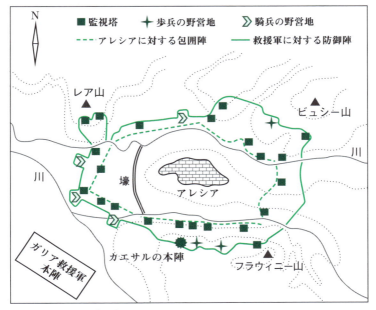

図13　アレシアの包囲網

経過

　防御網を構築する頃には、カエサルの目論見通りに、アレシアの籠城軍は兵糧が不足し、城内に飢餓が蔓延します。籠城軍は降伏するか籠城を続けるか軍議を続けていましたが、ついにウェルキンゲトリクスの従兄弟ウェルカッシウェラウヌス率いるガリア救援軍がアレシアに駆け付けます。その数はおよそ33万。ここに、アレシアの戦いの火蓋が切られます。

　まずは救援軍と包囲するカエサル軍の間で騎兵同士の会戦が生じます。ガリア救援軍は騎兵に散兵を交えて攻撃をさせたため、ローマ軍は苦戦しますが、カエサルが投入したゲルマン騎兵が奮起し、救援軍の撃退に成功します。その夜に、籠城軍はローマ包囲軍に夜襲をかけますが、ローマ軍が構築した「百合」や「牛の突棒」といった罠にかかり、ローマ軍もバリスタ ballista（弩砲）などで激しく反撃します。

翌日になると、ガリアの籠城軍と救援軍は同時にローマ軍に強襲をかけます。ローマ軍は防御構造を利用して反撃し、カエサルは戦況に応じて、適宜増援を送ることで対処します。

　激戦となったのは、防御陣が比較的手薄だったレア山でした。ここは防御構造が築きにくいため、代わりに2個部隊を配備していたところです。レア山の戦闘は両軍ともに一進一退であり、ここでの戦闘が勝敗を分けると判断したカエサルは、自ら深紅の将軍外套をまとって増援としてレア山に現れます。カエサルの出現に両軍は沸き立ち、さらに激しい戦闘が繰り広げられました。一方、カエサルはゲルマン騎兵をレア山の背後より秘かに迂回させ、ガリア軍を急襲させます。これが決定打となり、レア山のガリア軍は退却を始めます。

　まもなく、ガリア軍はいずれの戦線でも劣勢が際立ち、救援軍は四散します。これを受けて籠城軍も撤退を余儀なくされます。これにより、ガリア軍を指揮するウェルキンゲトリクスは降伏を決意します。

戦後と影響

　ウェルキンゲトリクスはカエサルに降伏し、これによりガリア人の組織的抵抗はほぼ終了しました。いくつかの掃討戦の後、ガリア全土はローマの属州となりました。ゲルゴウィアでの敗北により、カエサルは6年に及ぶ征服の成果が無に帰す危機に陥りました。しかし、カエサルはアレシアでの勝利により、辛くもこの危機を乗り越え、ガリア全土の征服という前人未到の事業を成し遂げたのです。

　ローマの属州となったガリアは、ローマ化が積極的に進み、今日もラテン文化圏の一角としてフランスという国家の源流を為すに至ります。一方で、カエサルはガリア征服にあたり、各地で殺戮や大量の捕虜をとるなどして人命の損失を相当もたらし、後世のコンキスタドールが中南米で行ったそれに匹敵するとさえいわれます。ともあれ、カエサルはガリアという政治基盤を

確保し、最終的にはローマの終身独裁官として国政を事実上掌握することになります。

　また、ローマ軍はこれ以降も、各地の攻城戦で無類の技術を発揮しました。マサダ包囲（後73〜74）、ドゥラ・エウロポス（256〜257）など、攻城・防衛戦でローマ軍は幾度もその精強さを示しました。ローマは攻城技術だけでなく、築城技術の発達にも目を見張るものがあり、その代表例がコンスタンティノポリス（現イスタンブル）です。東ローマ（ビザンティン）帝国の首都として1000年にわたり重要な地位にあったこの都市は、3重の城壁をはじめとする堅固な防御機構により、度重なる外敵の侵入を退けてきました。

　アレシアでカエサルの「決断」を後押ししたのは、ローマ軍の優秀な攻城技術によるものと言えるでしょう。また、この包囲戦は、指揮官が自軍の長所を最大限に生かし、一方で敵の短所を突くための機会を逃さなかったということから、「殲滅と攪乱」の好例と捉えることもできます。「敵を知り、己を知れば、百戦危うからず」という『孫子』の軍略はここでもよく反映されたのです。

4. 海戦
戦場は水上へ

決戦の好条件、水上戦闘

　古代史においては陸上のみならず、海上や河川もまもなく戦場となりました。そもそも、水上交通は陸上交通と比べて「大量の貨物を遠隔地に一度に輸送できる」という特徴があります。このため、古代から大河や大洋といった比較的広い水域は、重要な交易路として機能しました。メソポタミアを構成するティグリス川とユーフラテス川が最も接近した地に建設された都市バビロンや、地中海で海上貿易に従事したフェニキア人やギリシア人、さらには地中海世界と東アジア世界を結んだインド洋の「海の道」(マリンロード)など、古くから水上交通は世界各地で重視されてきました。

　同時に、これらの海域や水域の支配をめぐる争いも激しくなります。古代における海戦でも、その主役となったのは船です。古代の海戦では、船同士の衝突によって勝敗を決しました。いわば、体当たりにより敵船に穴を開けて撃沈させるのです。このため、地中海世界の軍船には「衝角」と呼ばれる金属製の突起が見られました。また、敵船に兵士が乗り込んで白兵戦に持ち込まれることも多かったのです。地中海世界では、やはりギリシア・ローマが海戦や軍船の技術革新に大きく貢献します。

　一方、中国でも春秋・戦国時代（前770〜前221）に水上戦闘の発達が見られました。黄河や長江といった大河が東西に広がる中国では、必然的にこれらの河川での戦闘も生じます。なかでも長江は、華北（淮河以北の中国北部）の軍勢が華南（淮河以南の中国南部）に侵攻する際の防波堤の役割を果たしました。春秋・戦国時代の中国では、船上での白兵戦の他、潜水兵が敵船の船底に工作を仕掛けるなど、様々な工夫がなされました。

水上戦闘の最大の問題は、事実上逃げ場がないことです。船自体が戦場から逃げおおせた場合は別ですが、船ごと撃沈させられるにしろ敵兵に占拠されるにしろ、船の乗員らに逃げ場はありません。このため、水上戦闘は敵の兵力を大きく減殺することが可能となるため、「決戦」となりやすい要因がそろっているとも言えます。

古代で有名な海戦と言えば、ギリシアのポリス（都市国家）であったアテナイ（アテネ）が、オリエントの大国・アケメネス朝ペルシアを撃破したサラミスの海戦（前480）、当時海軍を保持していなかったローマが、創意工夫により海軍大国カルタゴに勝利した第一回ポエニ戦争（前264〜前241）などが挙げられます。これらの海戦のおもな勝因は、漕ぎ手をはじめとする操船技術と、軍船そのものに施された技術的な工夫です。

アイゴスポタモイ
前405
海軍大国アテナイの凋落

しかし、今回紹介する古代ギリシアのポリス・アテナイとスパルタのアイゴスポタモイの海戦は、純粋な海戦技術による戦闘ではなく、奇襲と殲滅がよく機能した一例だと言えます。この戦闘は「海戦」と銘打っているものの、その実態は陸上におけるスパルタの決定的な勝利であったという、やや特殊な海戦でもあるのです。

また、アテナイの敗因は、戦術的な失策によるのは明らかですが、一方でこれは当時のアテナイの政治体制の欠陥が大きく作用したと考えることもできます。アイゴスポタモイの海戦の敗因は、戦術上の判断ミスと当事国の政治情勢にあったのです。

背景

前5世紀前半、ギリシア世界は大きな脅威にさらされました。オリエント

を統一した強大な世界帝国、アケメネス朝ペルシア（以下「ペルシア」と表記）がギリシアへの遠征を企てたのです。これを、「ペルシア戦争（あるいはグレコ・ペルシア戦争）」と言います。当時のギリシア世界は、ポリスと呼ばれた都市国家の集合体で統一政権はなく、またこの戦争では多くのポリスがペルシアと同盟を組んですらいました。

しかし、ペルシアが大軍を動員して侵攻するたびに、反ペルシアの諸ポリスはこれを迎え撃ちます。マラトンの戦い（前490、マラソン競技の由来となったことで有名です）、テルモピュライの戦い（前480）、サラミスの海戦（前480）、プラタイアの戦い（前479）など、各地でギリシア連合軍とペルシア軍は激戦を繰り広げました。テルモピュライの戦いでは、レオニダス王率いるスパルタ戦士の英雄的な玉砕がよく知られています。

ともあれ、最終的にギリシア連合軍はペルシアの撃退に成功しました。この一連の戦争で顕著な活躍をしたポリスが、アッティカ地方のアテナイ（アテネ）でした（そもそもペルシア戦争を招いた張本人でもあります）。アテナイはテルモピュライを除く3つの戦闘で、いずれもペルシア軍相手に重要な勝利を挙げました。これにより、ペルシア戦争後期より、ギリシアのポリスにおけるアテナイの主導的な地位が固まり始めます。アテナイは前478年に、エーゲ海の諸ポリスとデロス同盟を結成し、その盟主としてペルシアの侵攻に対抗します。

戦後のアテナイには黄金時代が訪れます。アテナイは実質的なギリシア世界の覇者となり、国内では海戦で漕ぎ手として活躍した無産市民にも参政権が与えられ、民主政治が完成します。この時期のアテナイを主導したのが、ペリクレス（前495頃〜前429）でした。

ペリクレスの主導はアテナイにより一層の民主化をもたらしましたが、一方で対外的には逆の政策が展開されます。アテナイは次第にデロス同盟の盟主から支配者へとその姿を変え、同盟の一元支配が進行します。デロス島にあった同盟の金庫はアテナイに移管され（これによりパルテノン神殿が再建

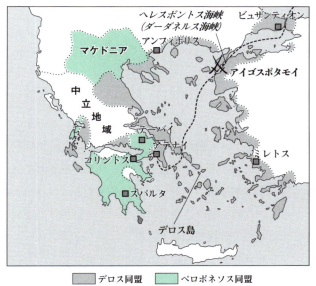

図14　ペロポネソス戦争関連地図

が再建されます)、さらに離脱を求めるポリスには武力介入や制裁金といったペナルティが課されました。デロス同盟はもはや同盟ではなく、アテナイの支配機関に他ならないものとなったのです。

　ペリクレスを含め当時のアテナイ市民には、間違いなくアテナイをエーゲ海の帝国に躍進させようという野心がありました。帝国と化したアテナイは「アッティカ帝国」と称されますが、アテナイの帝国化は内外を問わず「横暴」であるという世論が高まります。

　アテナイが帝国化を急いだ理由の一つが、スパルタというポリスにあったといいます。スパルタは独特の軍国主義体制を敷いたため、その軍事力はギリシア最強と呼び声が高く、実際にペルシア戦争でも数々の重要な戦闘で活躍しました。次第にアテナイに反発する諸勢力はスパルタを頼るようになり、スパルタもまたペロポネソス同盟を再興させることで対抗します。ここに、ギリシアはデロス同盟とペロポネソス同盟によりほぼ二分されたのです。前

431年、ついに両者は激突します。これが、27年にも及ぶペロポネソス戦争の始まりです（～前404）。

　開戦直後のアテナイでは、ペリクレスの主導の下で籠城戦略をとります。スパルタの強力な陸軍に正面から当たることを避けたいペリクレスは、アテナイ市外の奴隷などをすべて城内に入れて防備を固めたのです。当時のアテナイは、市街地と外港ペイライエウス（現ピレアス）を結ぶ長城が築かれており、非常に堅固な城塞都市でした。これにはさすがのスパルタも、なかなか手が出せません。陸戦を避ける一方で、アテナイは海軍を動員して海上からペロポネソス同盟に攻勢をかけます。
　この戦略はかなり有効でしたが、ここでペリクレスにとって予想外の事態が生じます。城内の人口密度が急激に増したことで、疫病が瞬く間に蔓延したのです。この疫病はペストであったとされますが、これによりアテナイでは市民の約6分の1が死に、ペリクレス自身もこの疫病にかかり没します。

　ペリクレスという優れた指導者を欠いたアテナイは、好戦派の政治家が市民を煽動し、政治的混乱に陥ります。このときのアテナイの情勢は「衆愚政治」と呼ばれ、市民を焚き付けた好戦派の人物らは「デマゴーゴス（煽動政治家）」と通称されます。
　アテナイ衆愚政治の最たる例が、前415年に始まるシチリア遠征でした。この遠征は、同時代人からもその戦略や目的のなさが指摘されていましたが、結果はアテナイ軍の壊滅的敗北に終わりました。それでもアテナイは、底知れぬ耐久力を見せ、なおもペロポネソス同盟に屈しません。また、衆愚政治に陥った市民たちに、降伏という選択肢はあり得ないのです。
　ここで危機感を募らせたのがスパルタです。アテナイの敗勢が濃厚になってきたとはいえ、堅固な城塞都市であるアテナイそのものは陥落の気配すらなく、また依然として海軍は健在です。このままでは自国の疲弊が先に来るかもしれないと踏んだスパルタは、ある「決断」をします。それは、「アケ

メネス朝ペルシアとの同盟」です。前414年、スパルタとペルシアとの間に協力関係が成立し、スパルタはペルシアの資金援助を得てスパルタ海軍を編成します。このスパルタ海軍が、ついに泥沼となった戦争に終止符を打つのです。

経過

　スパルタ海軍は、ノティオンの海戦などで勝利をもたらしたリュサンドロスが指揮を執ります。リュサンドロスは、依然として強力なアテナイ海軍との交戦は避け、アテナイ艦隊の追跡に徹します。アテナイ艦隊はそれを承知のうえで、ヘレスポントス海峡（現ダーダネルス海峡）に面したアイゴスポタモイ川の河口に、停泊地を築きます。以降のアテナイ艦隊は、朝になると出撃してスパルタ艦隊を追い払い、昼には上陸して休息をとるという行動を繰り返します。こうしたやり取りが繰り返された5日目、ついにリュサンドロスは「決断」を下します。

　この日もアテナイ艦隊はスパルタを追い払うと、上陸して昼食の準備を始めます。連日の挑発にもかかわらず、リュサンドロス率いるスパルタ艦隊が交戦に応じなかったため、完全に油断しきっていたのです。これを見たスパルタの偵察船の兵が、持っていた楯に日光を反射させて合図を送ると、リュサンドロスはスパルタ全艦に出撃を命じます。スパルタ海軍はアテナイの停泊地を急襲し、浮足立ったアテナイ軍はスパルタ軍により虐殺されます。アテナイは3000人余りの乗組員と将官を失い、171隻が拿捕され8隻の船のみがこの戦闘から逃れました。

　アイゴスポタモイの海戦でスパルタが勝利したことは、アテナイにとっては穀物の輸送ルートが完全に断たれたことを意味します。食糧の輸入がままならないことがわかると、アテナイはついにスパルタに降伏し、ペロポネソス戦争は終戦を迎えたのです。

結果と影響 —— アテナイの敗因

決戦の選択4 アテナイ艦隊は、戦略上の要地に布陣するか、補給を重視すべきか？

　さて、アテナイはこの海戦で致命的なミスを犯したと言えます。そもそも、この海戦はリュサンドロス率いるスパルタ軍が押さえた、アテナイへの穀物輸送ルートの奪回が目的でした。穀物輸送ルートを押さえれば、アテナイ艦隊の本隊が出撃することは明らかであり、リュサンドロスは最初からこの海戦で、アテナイ艦隊に決戦を挑むつもりだったのです。

　アテナイの艦隊指揮官も、この遠征の重要性は認識していたはずです。にもかかわらず、彼らは初歩的とすら言える采配のミスを犯しました。果たしてこの責任は、指揮官だけに帰するものなのでしょうか。ここでは、アイゴスポタモイの海戦に至る、アテナイ側の動向に注目してみましょう。

　まず、アテナイではペリクレス時代に民主政が完成します。無産市民にも参政権が与えられたことで、アテナイはすべての市民が平等な政治参加を実現させたのです。これは、軍船の漕ぎ手の主力となった無産市民らの発言権が強化されたことを示します。しかし、ペリクレスが没したことで、市民は徐々に統制を失い、短絡的な決定が目立つようになります。

　例えば、シチリア遠征では、主戦派で指揮官の一人であったアルキビアデスは、遠征中も政敵の告発や弾劾により進退窮まり、ついにはアテナイ軍を抜けてスパルタに亡命しました。また創建されたばかりのスパルタ艦隊は、前406年のアルギヌサイの海戦でアテナイ艦隊に敗北しましたが、勝利したアテナイでは海戦中に沈没した27隻の生存者を救出できなかったとして、民会で6人の提督全員に有罪判決が下され処刑されました。

　アテナイでは市民が政治決定権を握りましたが、判断力を失った市民は、

自らの首を絞めるような決定を安易に下してしまうことにもなってしまったのです。これが、衆愚政治と呼ばれたアテナイの政治混乱において、頻繁に繰り返された典型です。アイゴスポタモイの海戦においても、軍船の漕ぎ手である無産市民は有権者でもあったため、アテナイ海軍の指揮官たちは彼らの歓心を買う必要もありました。

アテナイ艦隊がアイゴスポタモイ川の下流に停泊したのも、補給に便利であり、快適であるというのが理由でした。これは、提督たちに先見の明がなかったこともありますが、彼らが配下の無産市民たちの告発を恐れての行動だったと見ることもできます。

アテナイ艦隊の決断　戦略的な要地よりも、配下の無産市民の歓心を重んじた。

アイゴスポタモイの海戦での敗北とペロポネソス戦争でのアテナイの敗戦は、戦略的な観点を見失った国家が陥る誤謬（ごびゅう）の最たるものと言えるでしょう。また、この敗戦の事例は、民主政という政治体制の限界をも伝えているかのようです。当時は現代の民主政とは大きく異なってはいますが、「市民が参政権を得て国政に参加する」という本質は変わっていません。民主政は、いつ何時であっても、主権者である「市民」が、国家の生殺与奪を握っているのです。

第 II 章
中世の戦場
—— 馬から火器へ

1. イスラーム勢力の大攻勢
世界を席巻した新興勢力

騎兵の時代？

「中世」という時代は、歴史学では何かと議論を呼ぶ時代です。そもそも中世という時代区分は西洋史で用いられたものであり、他の地域にこれを当てはめようとすると多かれ少なかれ齟齬が生じるからです。とはいえ、軍事史で言えば概ね西暦400〜1500年頃と見なすことができます。

この中世という時代は、世界的に「騎兵」あるいは「騎馬戦士」の活躍が顕著であったと言えます。ヨーロッパの騎士、イスラーム世界のマムルーク、13世紀にユーラシアを制覇したモンゴルの騎馬遊牧民、そして日本の武士などがそうです。とはいえ、これらの騎兵は必ずしも常に馬に乗ったまま戦っていたわけではありません。騎士や武士などは、状況に応じて馬から降りて徒戦に臨んでおり、純粋な騎兵の割合が圧倒的に多かったのはモンゴルのような騎馬遊牧民に限られます。

一方で、ヨーロッパ史においては、古代に比べ中世は軍事技術の進展が停滞したといわれることもあります。これに関しては、古代の期間が大まかに計算しても3500〜6000年であるのに対し、中世はわずか1000年前後であることを考えれば、それ相応の変化であると捉えることもできます。また、平原での会戦や合戦よりも、拠点を攻略する攻城戦が重視され、ここでは必然的に歩兵、すなわち徒戦に臨む兵科が主要な役割を果たします。

このため中世では古代よりも諸兵科を分かつ壁が薄くなったと見ることができ、なかでも騎兵は戦場に応じて柔軟に対応したとも言えます。欧米の軍事史では、中世において騎馬や徒歩などにかかわらず、何らかの武装を施した兵をメン・アット・アームズ men-at-armsと呼びますが、これは騎士という領主身分だけでなく、領臣 sergeantなどの職業軍人なども含んだ、武装兵

一般を指します。

　さらに、中世では職業軍人のみならず、副業的な軍人である民兵の存在も見落とすことはできません。民兵は必要に応じて武装する兵力のことで、普段は商業や農業などに従事する一般人です。今日の徴兵制度で言えば、予備役（徴兵期間を終え戦時に召集される）にあたる存在です。民兵は都市の防衛戦では、その主力として重要な役割を果たします。

火器の登場

　中世後期の戦場では、ある画期的な変化が生じました。火薬の登場です。もともと火薬、いわゆる黒色火薬は10世紀に宋代の中国で発明されました。硝石、木炭、硫黄という3つを主成分とするこの爆発物は、中国では火槍と呼ばれる兵器に早くも用いられました。また、震天雷（今日の手榴弾に近い兵器）や火箭（ロケット兵器にあたり、中国では現在もロケット一般を「火箭」と表記する）なども開発され、これらの兵器は剣や槍などの「冷兵器」に対し「熱兵器」と称されます。これがまもなくイスラーム世界にも伝わり、部分的に兵器への応用が試行されていたようです。

　火薬の使用をユーラシア広域に広めたのがモンゴルでした。モンゴルは中国への遠征で、震天雷や火箭といった兵器に直面しましたが、これを自軍にも取り入れ、ユーラシア各地の遠征にも使用したのです。また、モンゴル人が中国に建国した元王朝（1271〜1368）では、1280年代に「小銃」と呼ぶべき銃身を持つ火薬兵器が登場しています。

　ヨーロッパでも火薬が普及し始めるのは14世紀であり、火薬の発明者としてよく名が挙がるのが、13世紀イングランドの修道士ロジャー・ベーコンや、14世紀ドイツの修道士ベルトルート・フォン・シュヴァルツの2名ですが、いずれも伝承に過ぎないとされています。ヨーロッパでは最初に登場するのが大砲であり、少し遅れて銃（小銃）の使用も見られます。14世紀の後期になると、戦場での火器の使用が広まり始めますが、火器が戦場の主役となるには15世紀まで待たねばなりません。

1．イスラーム勢力の大攻勢──世界を席巻した新興勢力

カーディシーヤ
中東の勢力図を一変させた戦場

636

　7世紀に中東地域のアラブ人の間で、ある新興宗教が勃興します。それがイスラーム教です。イスラーム教徒はその黎明期より、活発な外征を繰り返し、短期間のうちに広大なイスラーム世界を現出させることになります。その契機となったのが、正統カリフ時代（632〜61）です。「カリフ」とは預言者ムハンマドの代理人を意味する「後継者」であり、特に2代カリフであるウマル・イブン・ハッターブ（位634〜44）の治世は、「アラブの大征服」と呼ばれる大規模な外征で知られます。

　イスラーム勢力が標的としたのが、当時の中東における2つの大国で、一つが東ローマ（ビザンティン）帝国、もう一つがサーサーン朝ペルシアです。この両国は互いに成立期よりたびたび戦争を繰り返しており、なかでも6〜7世紀にかけての一連の抗争で、両国とも国力を疲弊させていました。東ローマ帝国とサーサーン朝が戦争を繰り返したことでシルクロードが寸断され、その迂回路としてアラビア半島が中継貿易でにぎわい、イスラーム教が成立した要因となったのです。

　イスラーム勢力は、東ローマ帝国とサーサーン朝に立て続けに攻勢を加え、ほぼ同時並行で両国の征服を進めることになります。なかでもサーサーン朝では、父王を廃位して即位したカワード2世が、わずか半年の在位ののち病没すると、王族と貴族を巻き込んだ内乱の時代を迎えます（628〜32）。この内乱により、サーサーン朝は貴族らが派閥を形成して事実上分断してしまい、この直後に来襲するイスラーム勢力への組織的抵抗が弱まるのです。

　この混乱を利用し、イスラーム勢力はイラクへの侵攻を開始します。初代正統カリフのアブー・バクル（位632〜34）は、配下のハーリド・イブン・アルワリード率いる遠征軍を派遣し、わずか2年のうちに首都クテシフォン

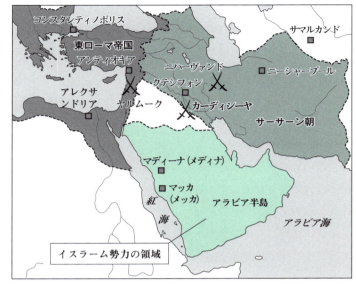

図15　7世紀前半の中東情勢

を除くイラクのほぼ全土を征服します。しかし、ウマルがカリフに登位すると、サーサーン朝とイスラーム勢力はイラクで一進一退を繰り返し、戦況は次第に膠着します。東ローマ帝国とサーサーン朝という2大国を相手に戦線を展開したため、イスラーム軍は兵力不足に悩んだのです。ウマルはイラク攻略のためアラビア半島から増援を呼びますが、これは実戦で経験を積んだ者があまりおらず、ほぼ新兵からなる軍勢でした。

しかし、636年8月にヤルムークの戦いでイスラーム軍が東ローマ帝国に大勝すると、経験豊富な古参兵5000人がサーサーン朝との前線にも合流しますが、これは開戦の2日目になってようやくのことです。

両軍の戦力

ペルシア軍（サーサーン朝）

サーサーン朝は、当時中東でも名の通った精強な騎兵団で知られました。これは、ヨーロッパでは「カタフラクト cataphract」と称され、騎乗者だけでなく乗馬にも重装甲を施した重装騎兵です。カタフラクトはその防御力と

突撃力で知られましたが、一方で機動力は重装備ゆえに大きく損なわれます。この他、歩兵隊に加え、東方属州で訓練した戦象も加わります。その兵力は、歩兵が4万5000、騎兵が1万5000、戦象が33頭です。ペルシア軍は4つの軍団に分割し、運河を背後に各軍団は150mほどの間隔を空けて布陣します。

イスラーム軍

　イスラーム軍は鎖帷子（くさりかたびら）や皮鎧（かわよろい）、または鱗状（うろこ）の鎧を身にまとい、ペルシア軍と比較して武装に大きな差はなかったと思われます。騎兵も歩兵も槍を武器としており、騎兵の槍はとりわけ長かったといい、5.5mに及ぶものもあったといいます。また、ペルシア軍よりも射手の運用をより重視していたようです。後日、シリアから援軍が到着すると、総兵力は3万6000人となり、ペルシア軍と同じように4つの軍団に分けて布陣します。イスラーム軍は宗教的な熱意と機動力を駆使した戦法を得意とします。

経過

　ペルシア軍は運河を渡河し、これを背にイスラーム軍に対峙します。両軍はほぼ同規模の戦力を正面に配備し、その距離は500mほどであったとされます。

　戦いは両軍の戦士による一騎討ちで幕が開け、この一騎討ちはイスラーム側が有利であったらしく、多くの戦士を失ったペルシア軍は開戦に踏み切ります。ペルシア軍はイスラーム軍右翼に攻撃を仕掛け、イスラーム軍はこれにより混乱しますが、中央の2部隊が援軍を送ったことで何とか戦列を維持します。イスラーム軍はとりわけペルシア軍の戦象に苦戦し、また左翼もペルシア軍の猛攻を受けますが、騎兵がこれを押し返し、この日は決着がつかず終了します。

　2日目、この日もペルシア軍とイスラーム軍の一騎討ちから会戦になりましたが、午後にはイスラーム軍にシリアから援軍が合流します。ペルシア軍はこれを受けて総攻撃を加えますが、決着がつかないままこの日も戦闘が終

わります。イスラーム軍には一騎討ちを得意とする集団がおり、彼らが活躍することで、ペルシア軍の士気を削ぎ、逆にイスラーム軍の士気向上に貢献するのです。

3日目になると、これ以上イスラーム軍に援軍が合流しないうちに決着をつけようと、ペルシア軍は総攻撃を仕掛けます。ここでイスラーム軍の障害となったのが戦象でした。戦象を先頭にした歩騎相まったペルシア軍の攻勢により、イスラーム軍の隊列が後退を始めます。ここでイスラーム軍の隊列に隙間が生じると、ペルシア軍はイスラーム軍の指揮官を討ち取ろうと、騎兵隊を向かわせます。しかし、この試みはイスラーム騎兵が奮戦して撃退したため、失敗に終わります。

イスラーム軍は苦戦の原因である戦象の対処に苦慮しましたが、象の目を潰すなどしてようやく無力化に成功します。3日目がこのカーディシーヤで最大の激戦であり、戦闘が明け方まで続いたものの、両軍ともに甚大な被害を出します。

決戦の選択5 　3日の激戦で決着がつかない戦況で、追撃すべきか、防戦に回るか？

ここでシリアから馳せ参じた古参兵が奮起し、不意を突かれたペルシア軍は指揮官ロスタムが戦死したとの報が伝わると、戦意を失い敗走します。

カーディシーヤの戦いは4日にわたる激戦の末にようやく決着がつきましたが、勝敗の行方が不明瞭な戦闘が続きました。3日目に戦闘に駆け付けた古参兵が、敵の損害を見込んで最後の攻撃を加えたことが、この戦闘での最大の「決断」であったと言えるでしょう。

イスラーム軍の決断　古参兵団が敵軍の疲弊を予期し、最後の攻勢を仕掛けた。

1. イスラーム勢力の大攻勢──世界を席巻した新興勢力

戦後と影響

　カーディシーヤの戦いを制したイスラーム軍は、翌年にサーサーン朝の首都クテシフォンを陥落させ、残存する軍勢も642年にニハーヴァンドの戦いで壊滅に追い込みます。これにより、国家としてのサーサーン朝は事実上崩壊し、651年に最後の君主であったヤズデギルド3世が没したことで滅亡します。

　イランとイラクはイスラームの支配下に置かれ、この地のイラン系住民はイスラーム勢力の下でその地方統治に貢献します。イスラーム勢力はこの当時まで、確固たる地方統治制度を欠いていました。イランには古代より続く優れた統治制度があり、これを応用してイスラーム国家も統治体制の整備が急速に進みます。イラン系住民にもイスラーム教への改宗者が出現し、イラン系住民はイスラーム世界においては官僚の中核として活躍します。

　このため、中・近世のイスラーム世界ではペルシア語が行政上の共通語として定着しました。サーサーン朝は国家としては滅亡しましたが、一方で言語や文化の面でイスラーム世界に多大な影響を与えたのです。

　戦略的に見ると、サーサーン朝は戦闘直前までイスラーム勢力との和平交渉を模索しており、これが戦場における指揮の不徹底を招いたと言えます。同様の努力はイスラーム側も続けていましたが、あくまで彼らの主眼は戦場での決戦にありました。対してサーサーン朝は、上層部（君主ヤズデギルド3世）の優柔不断も手伝い、一貫した姿勢を維持できなかったと見なせるでしょう。

　戦場で様々な選択肢を用意することは重要ですが、一方で統一した判断・方向性を定めなければ、敵軍に隙を見せることになります。ペルシア軍は兵力の優位をもって戦場に臨みましたが、その浮足立った隙を、イスラーム軍の指揮官らは見逃さなかったのです。カーディシーヤの戦いでは奇策が用いられることはなく、ほぼ同規模の軍隊同士が会戦に臨み、勝利には常道と言える指針が重要であることが明らかになりました。

2. 騎士の時代
地中海に轟く「騎馬衝突撃」

中世ヨーロッパの騎馬戦術 —— 騎馬衝突撃

　中世を代表する騎馬戦力が、西ヨーロッパの騎士です。一般に、中世ヨーロッパは「騎士の時代」と呼ばれ、これは、騎士が軍事・社会において中世ヨーロッパの中核と見なされるためです。事実、西ヨーロッパの騎士は、中世盛期にあたる11〜13世紀の地中海世界において最高水準の戦力として君臨します。なぜ、ヨーロッパの騎士はこれほどの戦力たりえたのでしょうか。その理由は、彼らが編み出した戦闘技術である、「騎馬衝突撃」にあります。

　騎馬衝突撃 shock chargeとは、3mにもおよぶ馬上槍 lanceを小脇に抱え突撃するというものです。戦法自体は非常に簡潔なものですが、槍の先端に馬の速力と騎馬と騎手の重力が込められるため、その威力は絶大であったといいます。また、英語のshockには「正面から衝撃を与える」というニュアンスがあり、騎士たちは敵陣の真正面から突撃を与えることを好みました。ここで言う「衝撃」には、可視化された殺傷力だけでなく、敵に与える心理的な圧迫も含まれます。

　しかし、騎馬衝突撃に代表される騎士の戦闘技術は、世界的に見れば騎馬戦力の運用としてはやや特異な例であったと考えることもできます。例えば、モンゴルのような騎馬遊牧民であれば、攪乱や陽動に用いる軽装騎兵と白兵戦を担う重装騎兵というように、ある程度役割が決まっており、各々の騎馬戦力が互いの短所を補うように運用されることが多いのです。一方、中世ヨーロッパでは、騎馬戦力はごく一部の例外を除いて、重騎兵 heavy cavalryとしての運用が前提となっています。

　そもそもヨーロッパは古代から、軍事的な伝統で言えば「歩兵文明」と言うべきであり、その歴史を通じて、決戦兵科となったのは常に歩兵でした。

これは「騎士の時代」と呼ばれた中世においても例外ではありません。したがって、騎馬戦力が台頭した中世は、ヨーロッパ軍事史においてはある意味で異質な時代であり、このためヨーロッパで編み出された騎馬衝突撃もまた、この地域に特有の戦闘技術として醸成されたという背景があります。

　騎馬衝突撃が発達した理由は、歩兵文明であるヨーロッパの諸民族が、どのようにして騎馬を乗りこなすかという課題に取り組んだ蓄積にあります。すなわち、乗馬技術の向上です。決定的だったのが、鐙の普及です。鐙が使用されることで、騎手は馬上での姿勢が安定し、効果的に武器を扱えるようになるのです。

　ですが、騎士たちは必ずしも常に馬上で戦っていたとは限りません。彼らは状況に応じてしばしば下馬し、歩兵戦力として戦線を支えることもありました（攻城戦はその典型です）。とはいえ、彼らの第一の戦闘技術が騎馬衝突撃であったことには変わりません。

チヴィターテ
中世騎馬戦力の雄、ノルマン騎士

1053

　中世ヨーロッパの騎馬衝突撃の立役者と見なされるのが、ノルマン騎士です。北欧のヴァイキングに起源を持つノルマン人は、10世紀より北フランスで定住するとともに騎馬戦等を採り入れ、これを洗練させたのです。ノルマン人の騎馬戦力、ノルマン騎士は地中海各地でその勇名を馳せ、彼らの名は騎馬衝突撃戦法とともに各勢力に轟きました。

　ノルマン騎士が参加した戦闘で、彼らの戦闘の典型としてよく言及されるのが、1066年のヘースティングズの戦いです。この戦闘は、ノルマンディー公ギヨーム率いるノルマン軍が、イングランド軍に大勝した戦闘で、これによりノルマンはイングランドを征服します。ギヨームはイングランド王ウィ

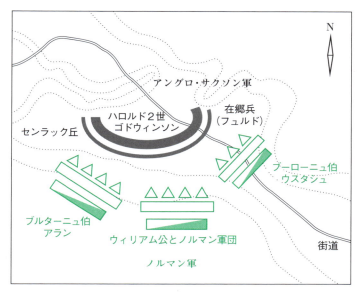

図16　ヘースティングズの戦い（1066）
センラック丘の頂上に陣取ったイングランド（アングロ・サクソン）軍歩兵に対し、ノルマン軍は歩騎双方が波状攻撃を仕掛けたが、敵軍の陣形を突き崩すには至らなかった。

リアム1世として即位し（位1066〜87）、ノルマン朝が樹立されます。しかし、ヘースティングズの戦いは、一般に言われていることとはいささか異なる特徴が目立ちます（図16）。

　まずアングロ・サクソン軍は歩兵が楯を構えて密集 shield wall し、小高い丘の上に布陣していました。ノルマン騎士はこの歩兵陣を突破することができず、戦況の転換点となったのは、アングロ・サクソン歩兵がノルマン軍の一隊を追撃して陣形が崩れたときでした（このときのノルマン軍の撤退は純粋な退却か陽動作戦だったかで意見が分かれます）。

　また、このヘースティングズの戦いは「バイユーのタペストリー」という刺繍画にも描かれていますが、ここではノルマン騎士の構える姿勢は互いにバラバラであり、統一的な戦法がいまだに見出されていなかったことが窺えます（図17）。以上から、ヘースティングズの戦いはノルマン騎士の戦法、

図17 「バイユーのタペストリー」におけるヘースティングズでのノルマン騎士

なかでも騎馬衝突撃が確立されたとすら言い難い状況にあったと言えます。

では、ノルマン騎士と騎馬衝突撃の長所が発揮された戦闘とは何だったのでしょうか。その答えの一端が読み取れるのが、1053年のチヴィターテの戦いです。

背景

中世にその名を轟かせたノルマン人は、祖先のヴァイキングと同様に冒険者としての気質を持っていました。北フランス・ノルマンディーに定住して以来、世代を経るごとにノルマン人の手にできる領地は必然的に縮小していき、領地を得られない者は新天地を求め、各地に進出します。そうした進出先の一つに、南イタリアがありました。

南イタリアはシチリア島を含み、中世初期は戦乱の只中にありました。なかでもシチリア島は、地中海のほぼ中央に位置するという立地と、豊かな土壌に恵まれたため、様々な勢力の争奪の舞台となります。1000年頃に、この地をめぐって争っていたのは、土着化したランゴバルド系（ゲルマン人の一派）諸侯、東ローマ帝国、そして北アフリカから襲来するイスラーム勢力の3者でした。とりわけイスラーム勢力は、965年までにシチリア全島を支配し、これはシチリア首長国と呼ばれます。

こうした熾烈な抗争が続くなか、各勢力は盛んに傭兵を雇用します。ノルマン人たちは、こうした傭兵の需要に応える形で、南イタリア進出を始める

図18　11世紀初頭のイタリア情勢

のです。最も早い時期に南イタリアで勢力を築いたノルマン人の一族がドレンゴット家であり、彼らはおもにランゴバルド系の諸侯に傭兵として仕えることで、南イタリアに根を張ります。

　しかしまもなく、のちにこのドレンゴット家に取って代わる一族がノルマンディーから到来します。それが、オートヴィル家（フランス語表記、イタリア語では「アルタヴィッラ家」）です。タンクレッド・ド・オートヴィルというノルマンディー貴族には、実に12人の息子たちがおり、彼らの半数近くは新天地を求め南イタリアに向かいます。
　オートヴィル兄弟の一人であるギヨーム鉄腕公は、サレルノ君主グァイマール4世に仕え、1043年にアスコリの支配権を得ます。さらにグァイマールとともにアプリアへ侵攻しますが、あまり成果のないままギヨームはまもなく亡くなります。ギヨーム鉄腕公の死は、南イタリアでの傭兵としてのノ

ルマン人の在り方に終わりを告げ、以降はアヴェルサ（ナポリ近郊）とアプリアを中心に、独自の王国の建設を進めます。

ノルマン人の急速な勢力伸長は、周辺勢力の警戒を高めます。特に中部イタリアに勢力を張るローマ教皇はその筆頭でした。教皇レオ9世（位1049〜54）は、ノルマン人に対してランゴバルド諸侯らと同盟を組み、さらに神聖ローマ皇帝より援軍も得るなどして、南イタリアよりノルマン人の勢力を排除しようとします。

対するノルマン人は、ギヨーム鉄腕公の跡を継いだ弟のドローゴが、東ローマ帝国により暗殺されるなど一時的な混乱にありましたが、ドレンゴット家とも一致協力し、ドローゴの兄弟であるオンフロワとロベール・ギスカールが危機に対処します。

教皇レオ9世の率いる同盟軍は、ノルマン人の勢力下にあるアプリア地方に進軍し、フォルトーレ河畔のチヴィターテ（現サン・パオロ・ディ・チヴィターテ）に陣を敷きます。ノルマン軍もこれを迎え撃とうとチヴィターテに向かい、いよいよこの地で両軍が激突します。

戦力と経過

教皇同盟軍

同盟軍は、イタリアおよびランゴバルドの軍にドイツからの援軍（シュヴァーベン兵団）が加わり、歩兵を中心に騎兵と合わせて6000の兵力が集結します。構成比ははっきりしませんが、兵力の多くは歩兵で占められていたと考えられます。教皇レオ9世自身も、チヴィターテ市に予備兵とともに駐留し、戦闘の成り行きを見守ります。

ノルマン軍

ノルマン軍の兵力は同盟軍の半数程度で、うち騎兵が3000で歩兵が500であったといいます。兵力の大半を騎兵が占めるという、当時のヨーロッパでは珍しい構成です。騎兵の主力はノルマン騎士であり、彼らは13年後のヘー

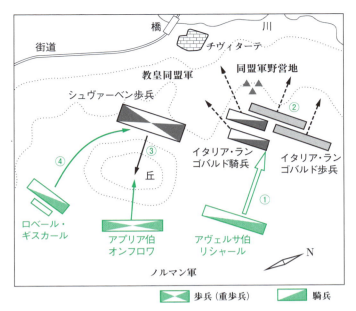

図19　チヴィターテの戦い

スティングズの戦いに参加した軍装とほぼ同じであったと考えられます。

　同盟軍はチヴィターテ市の郊外に陣を張り、イタリア・ランゴバルド兵を左翼に、ドイツ（シュヴァーベン）からの援軍を右翼にそれぞれ配置します（図19）。対するノルマン軍は、ドレンゴット家のリシャールが右翼に、オンフロワが中央で騎士を下馬させ歩兵を率い、左翼はロベール・ギスカールがノルマン騎士とスラヴ人傭兵からなる混成軍を率いて布陣します。同盟軍の右翼とノルマン軍の左翼は、小さな丘によって隔たれていました。

　戦闘はノルマン軍右翼の騎士隊が突撃したことで始まります（①）。この突撃は成功し、イタリア・ランゴバルド兵団は浮足立ち、数で勝るにもかかわらず、なすすべもなく撤退します（②）。右翼を率いるリシャールはこれを追撃し、チヴィターテ市に立て籠もる教皇に向かいます。

　一方、オンフロワ率いるノルマン軍中央は、シュヴァーベン兵団に苦戦を強いられますが（③）、タイミングを見計らってロベール・ギスカール率い

る左翼が救援に駆け付けます（④）。さらに、リシャール率いる右翼も追撃から戻り、後方よりシュヴァーベン兵団を攻撃したことで、シュヴァーベン兵団もようやく敗北します。ここに、ノルマン軍の勝利が確定したのです。

戦局を決したのは、ロベール・ギスカールの判断だったと言えます。右翼のアヴェルサ伯リシャールが迅速な攻撃でイタリア・ランゴバルド兵を蹴散らしたのに対し、ロベール・ギスカールは即時的な攻撃を控え、状況を見極めたうえで決定的な一打を繰り出します。ロベールは比較的冷静な判断力をもって勝利に貢献したのです。

左翼のロベール・ギスカールは、右翼のように単独で突撃するか、突撃を控えるか？

中央の歩兵団と連携して、シュヴァーベン兵団に側面包囲を仕掛けた。

結果と影響

数では同盟軍に圧倒的に劣ったものの、結果はノルマン軍の大勝利に終わりました。同盟軍は崩壊し、チヴィターテ市に留まった教皇レオ9世自身も捕虜となります。この戦闘の勝利に貢献したのは間違いなくノルマン騎士であり、彼らの突撃は敵の主力部隊を敗走させたのです。チヴィターテの戦いでは、状況さえ整えば歩兵に対する数の劣勢を、騎兵（とりわけ重装騎兵）が覆すことができると判明しました。

チヴィターテの戦いにより、教皇庁はノルマン人への姿勢を和らげます。また、教皇庁ではベネディクトゥス10世の教皇就任に反発して、ニコラウス2世が対立教皇として立ちはだかり、ニコラウスはノルマン人の協力を得てベネディクトゥスを排除し、唯一の教皇に就任します。この一連の内乱により、教皇庁とノルマン人の結びつきが強まりました。

教皇の後ろ楯を得たオンフロワとロベールの兄弟は、アプリア侵攻を進めて支配域を拡げ、1057（あるいは1056）年にオンフロワが没すると、ロベールはオンフロワの息子たちを排除して、自身がアプリアの単独支配者となりました。さらにロベールはカラブリアにも進出して南イタリアのほぼ全域を支配し、教皇よりアプリア・カラブリア公に叙されます。また、これと並行してロベールの弟ルッジェーロも兄に加勢し、イスラーム勢力の支配下にあったシチリア島の征服を進めます。ルッジェーロはシチリア伯ルッジェーロ1世としてシチリア島の支配を確立します。

　ノルマン人はオートヴィル家のもとで、ついに南イタリアとシチリアの支配を実現します。ルッジェーロ1世の息子ルッジェーロ2世（位1130〜54）は、叔父ロベール・ギスカールの領土も統合し、1130年にシチリア王国（ノルマン・シチリア王国）が成立します。シチリア王国は、カトリック、ギリシア正教、イスラーム教という3つの宗教の信徒が共存し、寛容の精神と多文化が交錯する国際的な国家となります。

　一方、軍事的に見れば、チヴィターテの戦いでも騎馬衝突撃が完成したとは言い難いですが、それでもこの戦闘は、重装騎兵の戦場での優位を証明するには十分な説得力がありました。ノルマン人はこれ以降も、南イタリアでの東ローマ帝国との抗争や、第一回十字軍においてイスラーム勢力などと戦い、そのたびに騎馬衝突撃により勝利を重ねました。こうしてノルマン人、ひいては西ヨーロッパの騎士は、その軍事力をもって地中海世界に知られることになります。

　しかし、騎馬衝突撃も万能の戦闘技術ではありません。チヴィターテの戦いにしても、歩兵の活躍があったからこそ、勝利を引き寄せることができたと言えます。騎士の活躍が顕著となる一方、中世ヨーロッパでは歩兵の役割は一貫して失われず、またその重要性も実質的には失われることはなかったのです。とはいえ、表面的には「潜伏」したかに見えた歩兵戦術ですが、彼らは14世紀に再び日の目を見ることになります。

2. 騎士の時代——地中海に轟く「騎馬衝突撃」

3. モンゴル
世界を制覇した騎馬民族

ユーラシアの覇者──モンゴル帝国とその軍隊

　1206年にモンゴル諸族のカン（ハン）に推戴されたチンギスの即位をもって、大モンゴル国（イェケ・モンゴル・ウルス／モンゴル帝国）が成立したとみなします。モンゴル帝国は13世紀を通じてユーラシアの広域に支配域を拡げ、その面積は20世紀初頭の大英帝国に次ぐ、史上2番目の大帝国となります。

　モンゴル帝国が100年前後という比較的短期間でユーラシアを制覇した要因は様々ですが、何といってもモンゴル軍の優秀さが、その征服活動を支えていたことは言うまでもないでしょう。モンゴル軍の中核となったのは、騎馬兵でした。騎馬遊牧民の伝統に由来するモンゴル騎兵は、騎射（馬上から矢を射る技術）をはじめとする馬上での戦闘に精通しており、また騎馬兵の武装に応じて柔軟に役割を順応させます。
　典型的な戦術は、軽装の騎馬兵が敵軍に騎射を仕掛けながら退却します。軽装騎兵が決められた地点まで敵軍を陽動すると、待ち伏せていた重装騎兵が敵軍を包囲して打撃を加える、というものです。モンゴル軍はこのような戦術を駆使し、各地の野戦で無類の強さを発揮します。

　このようなモンゴル軍の戦術を十二分に発揮できたのも、軍隊が高度に組織化されていたからに他なりません。モンゴル軍は千戸制と呼ばれる軍団編成をとり、これは十進法単位で編成された万人隊（テュメン Tümen）・千人隊（ミンガン minqan/minyan）・百人隊（ジャウン ja'un/jaγun）・十人隊（ハルバン harban ないしアルバン arban）から構成されるものです。千人隊（ミ

図20　モンゴル騎馬兵
モンゴル軍では、軽装兵（左）が陽動し、潜伏した重騎兵（右）が敵軍主力に奇襲を加えるという戦術が好まれた。

ンガン）はモンゴル諸族の社会単位であり、狩猟などで培われた集団の技術や規律が、戦時にも応用されるのです。

　また、モンゴル諸族だけでは兵力がいずれ不足するため、征服地にも千戸制を適用し、元（大元ウルス）では軍戸と呼ばれた戸籍が世襲の農地と引き換えに兵役を課され、これらの軍戸は百戸所、千戸所といった集団にまとめられます。しかし、征服地のすべてに必ずしもこうした統一的な支配が敷かれたわけではなく、モンゴルは各地の情勢に応じて柔軟に支配制度を確立しながら、現地人の徴募兵を活用したのです。

　帝国の建国期より野戦で猛威をふるい続けたモンゴル軍でしたが、中国への進出にあたり彼らに大きな障害が立ちはだかります。それが、攻城戦です。騎馬遊牧民であったモンゴル諸族は、高い城壁で囲まれた城郭都市の攻略に必要な技術をそもそも有していなかったのです。しかし、度重なる都市の攻略を経験したことで、モンゴル軍は攻城戦においても比類ない勝利を積み重ねることになります。

モンゴルは中国から先進的な攻城技術を吸収します。投石機や城壁の掘削、さらには火薬兵器など、これらの技術や兵器をより改良・洗練させたのです。攻城技術を習得したモンゴル軍は、騎馬軍団の限界を突破したと言えるでしょう。その好例が、襄陽・樊城の戦いです。

襄陽・樊城
騎馬の限界を突破したとき
1268～73

背景

　13世紀の訪れとともに勃興したモンゴル帝国は、瞬く間にユーラシアにその支配を拡げます。初代のチンギス・カンは、ナイマンを滅ぼしホラズム・シャー朝を屈服させてトルキスタン（中央アジア）を支配し、また彼が西方に派遣した分遣隊は、カルカ河畔の戦いでクマン人とルーシ（ロシア）諸侯の連合軍を撃破します。

　2代目のオゴデイ・カアン（オゴタイ、モンゴルの最高君主号として「カアン」の称号を使用し始めます）は中国進出を本格化させ、1234年には華北の金を滅ぼします。これにより、華南（中国南部）を支配する南宋と境界を接し、モンゴル・南宋戦争が始まります（1235～79）。南宋の位置する華南は高温多湿の気候であり、騎馬遊牧民であるモンゴルにとっては人馬ともに慣れない風土のため苦戦を強いられます。また、オゴデイ没後のモンゴル帝室の内紛もあり、南宋との戦争は一時的に中断されます。

　1251年にモンケ・カアンが即位すると、モンゴルは南宋との戦争を再開します。このとき南宋遠征の陣頭指揮を執ったのが、彼の長弟でのちにカアンに即位するクビライ（フビライ）でした。クビライは当初から長期戦を意識し、1253年に大理国を滅ぼして雲南を支配し、背後より南宋に圧力をかけます。しかし、モンケは短期決戦を望んだため、武将タガチャルを派遣して南

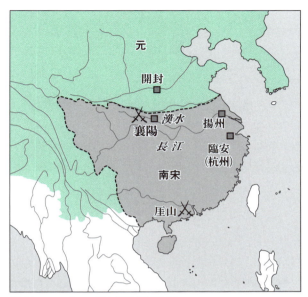

図21　モンゴル・南宋戦争関連地図

宋の拠点である襄陽を攻めさせますが、彼は即座に撤収します。怒ったモンケは自ら遠征軍を起こしますが、この遠征で彼は没します。

モンケ亡き後、モンゴルではクビライと弟アリクブケによる帝位継承戦争が勃発し、4年にわたる内戦を制したクビライがカアンに即位します。ここで焦点となったのが、南宋最大の防衛拠点であった襄陽と樊城という双子都市でした。手始めにクビライは、配下のアジュに樊城を包囲させます。

一方、クビライは1271年に中国王朝として元（大元ウルス）の建国を宣言し、中国統一という大義名分を掲げて南宋征服に本腰を入れます。とはいえ、クビライは襄陽・樊城の性質を熟知していたため、やはり長期戦を目してその準備に取り掛かります。

戦力と経過

漢水を挟んでその両岸に位置する襄陽と樊城は、南宋の首都・臨安へと続くルートの最前線に位置し、南宋にとっては生命線と言うべき要所でした。

南宋の6代皇帝・度宗(たくそう)(位1264〜74)は、呂文煥(りょぶんかん)と范天順(はんてんじゅん)という優れた指揮官を任じ、彼らがモンゴルの猛攻に敢然と抗うことになります。

襄陽と樊城の防備の詳細な情報は乏しいですが、少なくとも城門の壁が1枚でなく複数あり、かつ楼門(物見櫓のように兵士が配備できる防衛施設)が幾重にも重なっていたと考えられています。さらに、襄陽と樊城は浮橋で結ばれており、両都市間での兵の移送や情報伝達も容易であったといいます。南宋はモンゴルの再来に備え、投石機の効力を削ぐため、堀の幅をさらに広く掘削し、城壁も補強し、加えて衝撃を吸収するための緩衝物も吊るします。

しかし、これほどの防備をもっても、襄陽と樊城を取り巻く情勢は、決して幸先のよいものではありませんでした。食糧などの物資の備蓄も十分と踏んだ守備側でしたが、塩の枯渇が思いのほか早く到来します。塩は生命維持だけでなく、食品の保存にも不可欠であるため、守備側の食糧の消費が相対的に早まります。度宗は長江・漢水を遡上して船で襄陽に物資を届けようと試みますが、モンゴルの配備した巡視船に見つかり、航路が封鎖されたため失敗します。

一方、モンゴル(元)軍を率いるクビライは開封からの兵站を完備し、その間に着実に包囲網を築きます。包囲開始から2年間は、物資が十分だったこともあり南宋側の士気は旺盛で、南宋守備隊とは直接交戦せず、散発的な接敵にとどめます。2年がかりで、モンゴル軍は野戦築城により、ついに両拠点の包囲を完成させます。これにより、戦況は膠着状態に陥ります。

この間、モンゴル軍は襄陽の防御施設(おそらく城門)の一つに攻撃を仕掛けたものの、この部隊は瞬く間に全滅したといいます。守備隊は、弓矢は言うに及ばず、発明初期の火砲も充実させていたと考えられます。また、モンゴル軍は投石機を投入したものの、南宋により堀が拡幅されたため射程距離がわずかに足りず、これも効果が上がりません。2〜3年の包囲で、モンゴル軍は焦りと苛立ちが日増しに目立ち、クビライ自身も例外ではありませんでした。

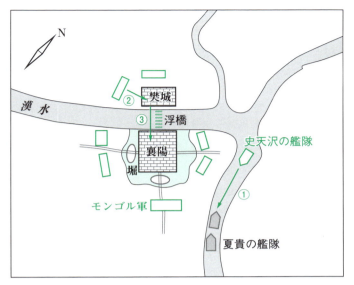

図22　襄陽・樊城の包囲網

決戦の
選択7
　膠着状態の襄陽・樊城の包囲戦を継続すべきか、強襲を仕掛けるべきか？

　ここでクビライはある人物に増援を命じます。それが、漢族の部将であった史天沢です。史天沢は包囲軍に合流するや、間髪を容れずにジャンク（船）を建造して、漢水の支配権を得ようとします（図22）。これに対し、南宋の将軍・夏貴が3000のジャンクを率いて進軍したことで、史天沢の水軍との間で大規模な水上戦になります（①）。史天沢はこれを制し、襄陽と樊城はこの水上戦での敗北以降、窮地に陥ることになります。

　南宋は3000の兵からなる救援部隊を襄陽に派遣し、ほぼ全員が城内に到着します。しかし、途中で補給物資の大半を失い、救援部隊もまた城内で身動きが取れなくなります。これにより、襄陽・樊城では3000の扶養人口が加わったことで、物資不足に拍車がかかるのです。

襄陽・樊城への物資支援の遮断を徹底した。

　南宋の守備隊は衰弱が顕著になりつつあるとはいえ、なおも包囲に耐えます。ここで、クビライは秘密兵器を投入します。イランより取り寄せた回回砲です。これは平衡錘(カウンターウェイト)、すなわち錘の重量による梃子の原理や遠心力の作用により石弾を飛ばす大型の投石器であり、90kgもの石弾を400mも飛ばすことができたといいます。回回砲はペルシア(イラン)人技術者の設計によるもので、同様の兵器は15年前に、クビライの弟フレグ(フラグ)がバグダードを攻略する際にも使用され、その設計を転用したものです。

　モスルから招聘されたペルシア人技師の手により組み立てられると、クビライはこの回回砲でまず樊城の城壁を破壊し、この都市を占拠します(②)。さらに、樊城の城内に回回砲を移動させ、漢水越しに投石を開始し、襄陽城内への砲撃に取り掛かります(③)。度重なる投石に、進退窮まった襄陽もついに降伏します。

図23　ラシードゥッデーンの『集史』に見る平衡錘投石器(左)
襄陽・樊城で投入された回回砲も、これと同様の兵器であったと考えられる。

結果と影響

　襄陽・樊城の戦いの勝利は、回回砲という兵器によるところは小さくないのですが、最大の勝因は長期戦を決めたクビライの先見の明です。敵軍の補給線を徹底的に遮断することで、堅固な城塞都市であっても兵の疲弊は免れません。クビライはこの包囲戦の王道をよく心得ていたと言えるでしょう。

　一方で、クビライは襄陽の指揮官であった南宋の将・呂文煥を高く評価して厚遇し、これに応える形で呂文煥はクビライの南宋征服に大きく貢献します。モンゴルは南宋の首都・臨安（現在の杭州）を1276年に攻略し、残党も1279年の崖山の戦いで一掃し南宋は完全に滅亡します。

　南宋遠征で見られたように、モンゴル軍は各地の戦闘で柔軟な対応を見せ、また征服民の技術や人材を積極的に採り入れるなどして、広大な帝国の支配を可能としたのです。モンゴル軍が優れていたのは兵士や将だけではなく、軍を統率するシステム、ひいてはモンゴルという勢力の支配体制そのものが、大きな強みとなっていたと言えるでしょう。

4. 歩兵の復活
火器の黎明と歩兵戦術

「革命」か「復活」か？—— 歩兵戦力台頭の問題点

　1300年。この年の前後から、中世ヨーロッパ社会が徐々に変貌し始めます。その変貌とは、農奴解放の進行と領主層の衰退です。14世紀半ばから、「小氷期」と呼ばれる寒冷期を迎え、世界各地に厳冬がもたらされます。ヨーロッパも例外でなく、各地で寒冷化による作物の不作が相次ぎ、すでに1315年には150万人もの餓死者を出す飢饉が生じます。

　この事態に拍車をかけたのが、世界的な黒死病の流行です。史上初のパンデミックと言われる黒死病の流行により、ヨーロッパの人口の3分の1が失われたといわれ、これにより農村の人口も激減します。中世ヨーロッパは封建領主が支配する荘園が土地の大半を占め、その労働力である農奴の人口減は、領主にとって収入減につながります。このため、領主たちは税や労役の軽減など、農奴の懐柔に臨みます。

　また、13世紀から貨幣経済が浸透したことにより、貯蓄のできるようになった農奴は身分を買い戻す（＝耕作地を買い取る）ことで自立するようになります。こうして農奴の待遇が徐々に改善されたことで、領主層の凋落が始まるのです。

　しかし、それにも増して注目すべき点があります。それが、領主の軍事的役割の衰退です。中世ヨーロッパにおいて、領主層は騎士として戦うことが普遍的に見られました。なかでも騎馬衝突撃という戦術を確立した騎士は、地中海沿岸の各戦場でその勇名を轟かせました。ところが、1300年を境に、ヨーロッパ各地の戦場で、騎士が敗北する戦闘が目立つようになります。さらに、これらの戦闘で騎士に勝利したのは、歩兵戦力を中心とした軍であっ

たことも共通します。

　一部の欧米の研究者は、この歩兵戦力の台頭を指して「歩兵革命 Infantry Revolution」と称する傾向があります。しかし、この観点にはやや難点があると言わざるを得ません。そもそも、先述の「中世ヨーロッパの騎馬戦術――騎馬衝突撃」でも取り上げたように、騎馬戦力が主力になったとはいえ、歩兵戦力が不要になったわけではありません。また当の騎士たちにしても、攻城戦や野戦を問わず、状況に応じて下馬し歩兵戦力として戦う例も多く、この時期の歩兵戦力の台頭を、とりわけ「革命」と呼ぶには無理があると考えられます。

　より実態に則した見方を鑑みれば、14世紀は「歩兵の復活」の時代であったと言えるでしょう。この「歩兵の復活」は、火器の実用化に先立つ黎明期

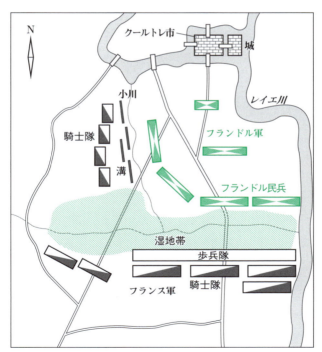

図24　クールトレの戦い（1302）

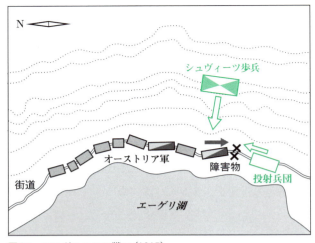

図25　モルガルテンの戦い（1315）

にあり、すでに火砲の普及する以前からヨーロッパの戦場では歩兵優位の状況が確立しつつあったのです。

とはいえ、ここに及んでもなお、「歩兵の復活」には大きな問題点があります。多くの研究者は、後期中世の歩兵戦術の完成を、概ね1302年ないし1315年に設定するケースが多く見られます。前者はフランドル民兵がフランス騎士軍を破ったクールトレ（コルトライク／金拍車）の戦い、後者はスイス民兵がオーストリアに勝利したモルガルテンの戦いが、それぞれ生じた年です。いずれの戦闘も、歩兵が騎士（騎馬戦力）に勝利した、14世紀初期の例としてよく引き合いに出されます。

ではこれらの戦闘のどこに問題があるのか。まず、クールトレの場合は、フランドル軍が溝や小川に囲まれた湿地帯に敷いた防御陣に、フランス軍が攻撃を加えたものであり（図24）、モルガルテンの場合は、湖に面した隘路を行軍中のオーストリア軍に、スイス民兵が奇襲を仕掛けたものです（図25）。このように、初期の歩兵戦闘では、防御陣や地勢といった要素に左右される場合が多く、野戦、すなわち平原における会戦での騎馬戦力の優位性を覆すものとは言い難いのです。実際に、同様の防御陣による歩兵の勝利は、

12世紀にもすでに見られます。

　野戦において騎馬戦力に勝利を得るには、確固たる「歩兵戦術」が不可欠となります。クールトレやモルガルテンは、こうした歩兵戦術と呼ぶには、汎用性に乏しい戦術であったと言わざるを得ません。では、その歩兵戦術を編み出した、真の要因とは何だったのか。そもそも、騎兵戦力に対抗しうる歩兵戦力とは何か。ここでは、後世の歩兵戦術に一つのきっかけを与えたと言える、ラウペンの戦いについて見ていくことにしましょう。

ラウペン
軍事革新と国制整備
1339

第II章　中世の戦場

背景

　今回のテーマとなるラウペンの戦いは、ベルン市とフリブール市の連合軍が激突した戦闘です。ラウペンの戦いは、スイスの歴史においても重要な位置づけがなされています。では、その背景から見ていきましょう。

　1291年、ウリ、シュヴィーツ、ウンターヴァルデンというスイス地方の3つの邦（あるいは州 Kanton）が、当時のスイスの支配者であるハプスブルク家に対抗するため「永久盟約」を結びます。これにより、スイス盟約者団（Alte）Eidgenossenschaftが成立したと見なします。この動きにオーストリアを根拠地とするハプスブルク家は、ただちに軍を派遣しますが、これを撃退したのが先述のモルガルテンの戦いです（1315）。

　ハプスブルク家との独立抗争を開始した森林3邦（ウリ、シュヴィーツ、ウンターヴァルデンの総称）と、1323年に同盟を組んだのがベルンです。12世紀末に建設されたベルン市は、当初の勢力は弱小であったものの、13世紀から次第に台頭し、同世紀末には人口3000、武装可能人員1000を擁する規模

4. 歩兵の復活──火器の黎明と歩兵戦術

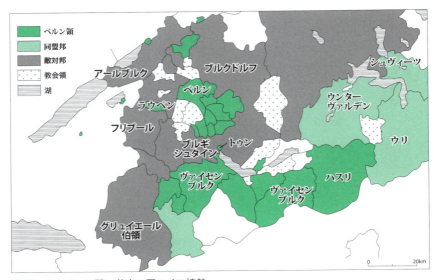

図26　ラウペンの戦い前夜の西スイス情勢
Ammann und Schib, Historicher Atlas der Schweiz, S.58 より

にまで発展します。ほぼ同時期のパリが人口20万であったことを考えると、ベルンは当時のヨーロッパにおいて決して無視できない規模の都市であったことが窺えます。

　では、ベルンはなぜ森林3邦と同盟したのでしょうか。ベルンは西スイスを通過するアルプス交通路の中継点に位置し、この地域の経済支配をめぐって西隣のブルゴーニュ諸都市と対立を深めていました。なかでもその筆頭だったのがフリブール市でした。フリブールを中心とするブルゴーニュ諸都市は、1297年にベルンを包囲するものの失敗し、またベルンがトゥン市（1323）やラウペン市（1324）を購入するなどして勢力を拡大すると、これに対抗するためハプスブルク家に接近します。

　積極的な拡大を続けるベルンは西スイスで孤立しつつあり、これに加え東の脅威としてハプスブルク家が控えていました。このためベルンは、ハプスブルク家の潜在的な脅威に対抗するため、森林3邦と同盟を結成したのです。

西スイスの情勢不穏が高まるなか、ついに1339年にフリブールを中心とするブルゴーニュ（反ベルン）連合が結成され、ベルンに対する大規模な遠征が敢行されます。これに危機感を覚えたベルンは、アールブルク市を包囲しますがこれに失敗し、ブルゴーニュ連合軍もベルンを追撃する形で進軍を開始します。

ブルゴーニュ連合軍はベルン支配下のラウペン市に狙いを定め、包囲を開始しました。ラウペン市はベルン市街地よりわずか8kmの距離に位置し、また反ベルン勢力との境界線に位置したためです。ベルンもすぐさまラウペンに救援軍を送り、これには森林3邦から援軍も駆け付けます。包囲を開始するブルゴーニュ連合軍に、ベルンを中心とする救援軍が到着すると、ラウペン市郊外で両者は会戦を繰り広げます。こうして、ラウペンの戦いの火蓋が切られたのです。

戦力と経過

では、ラウペンの戦いでの両軍の戦力について見てみましょう。この戦いを詳細に記録した、年代記作家コンラート・ユスティンガーの手による『ベルン年代記 Die Berner-Chronik』の「ラウペン戦記 Conflictus Laupensis」によると、フリブール連合軍の総兵力は歩兵1万6000に騎兵1000を数え、なかでも騎兵はグリュイエール伯ジェラール・ドゥ・ヴァランジャン率いる、ブルゴーニュ諸侯からなる騎士を中心とした精鋭だったとされます。

対するベルンは、市民兵1200に城外市民3000、ラウペン市の守備隊600に従属邦の派遣軍、さらに森林3邦の援軍1000〜1200を加えた、総勢6000前後であったとされます。数字の正確性を度外視するにしても、この戦いにおけるベルンの兵数は圧倒的に劣勢であったことに変わりはありません。

続いてベルン軍の戦力をより詳細に見てみましょう。ベルン軍は長槍で武装した3000人を、1000人の方陣3つに分割して中央に配置します。この長柄槍兵は、おそらく下馬騎士を中心とするもので、さらに軽装兵2000が右翼に、

4．歩兵の復活──火器の黎明と歩兵戦術

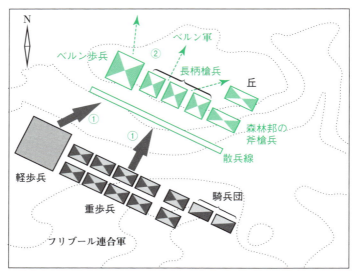

図27　ラウペンの戦い1

　森林3邦からの援軍は左翼にそれぞれ配置され、最前面は弓兵などの散兵線が敷かれます。ベルン軍はラウペン市郊外の丘の上に陣取り、防御的な構えを見せます。

　いよいよ戦闘開始です（図27）。ベルン軍前方に展開された散兵線が射撃を始めると、数に勝るフリブール連合軍は、ただちに丘の上のベルン軍に攻め上がります（①）。この攻勢で、ベルン軍右翼の軽装兵をはじめ、いくらかの隊列は崩され、戦闘から逃走してしまいます（②）。それでも、ベルン軍中央の長柄槍兵3個方陣は踏みとどまって戦列を維持し、後退した散兵団も軍の後方で再び射撃の準備を整えます。ここでベルン軍の野戦軍指揮官Hauptmannルドルフ・フォン・エアラハは、ある「決断」を下します。

 決戦の選択8　丘の上という地の利を活用し、このまま防戦を維持するか否か？

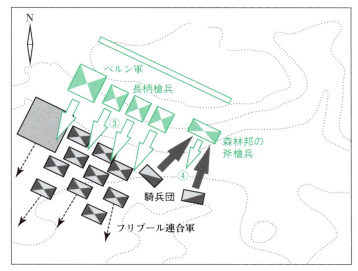

図28　ラウペンの戦い2

 エアラハの決断　フリブール軍が浮足立ったタイミングを見計らい、ベルン軍に一斉突撃を命じた。

　エアラハはここで全軍に突撃を命じます（③）（図28）。数で勝るはずのフリブール連合軍は、丘の上のベルン軍の戦列を崩せず、攻勢に鈍りが見え始めたのです。エアラハはこの機を逃さず、反撃の好機と見て攻勢に打って出ます。歩兵戦は次第にベルン軍優位に傾きますが、ベルン軍主力が交戦している間に、ジェラール・ドゥ・ヴァランジャン率いる騎兵団が、左翼の森林3邦の援軍に猛攻を仕掛けます（④）。

　森林3邦の援軍はフリブール騎兵団の攻撃で壊滅的な被害を受けますが、中央ではベルンがフリブール歩兵を押し返すと、森林3邦の窮地を察知します。エアラハはすぐさま左翼の救援を命じ、フリブール騎兵を撃退します。結果としてフリブール連合軍は大敗し、ジェラール卿をはじめ主だった敵将や諸侯もこの戦闘で討ち取られました。まさにベルンの大勝に終わったのです。

4．歩兵の復活──火器の黎明と歩兵戦術

ラウペンの戦いでは、戦闘に先立ってベルン側の全軍が目印として白い十字を衣服に縫い付けたと言われ、これが今日まで続くスイス国章の起源とされます。

戦後と影響 ── 戦術的課題と国家運営の行方

ラウペンの戦いの勝利により、ベルンはまごうことなき西スイス最大の勢力に躍り出ました。ベルンはこの戦闘までに協力関係を築いた森林3邦との関係を重視し、1353年には盟約者団に加盟します。

さて、ラウペンの戦いでは、ある戦術的な課題が浮き彫りとなりました。この戦闘で最も大きな被害を出したのは、森林3邦からの救援軍であり、戦後にベルンはこの被害を補償したほどです。救援軍の損害が大きかった原因は、彼らが騎士などの騎馬戦力との戦闘に十分に対応できていなかったためです。

それまでも、森林3邦すなわち盟約者団は騎馬戦力と交戦した戦闘は多々ありました。とはいえ、その大半がモルガルテンの戦いのように、地勢を利用した奇襲の域を大きく出るもので

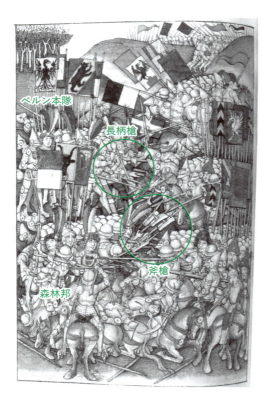

図29　ラウペンの戦い
大ディーボルト・シリンクによる『絵入り年代記』*Spiezer Chronik*(1484)より。左手前の森林邦の援軍が斧槍を手にしているのに対し、左奥のベルン本隊は 長柄槍で武装している様子を描き分けている。(Schilling,*Spiezer Chronik*, Band 1 , Burgerbibliothek Bern c. 1484, S.280)

はありませんでした。こと森林3邦にとって、ラウペンの戦いは初となる本格的な野戦、平原での会戦に他ならなかったのです。森林3邦が使用した武器は斧槍（独：Hellebarde、英：halberd）という、文字通り槍と斧を組み合わせたもので、後世ではスイス歩兵を象徴する武器になります。斧槍は隘路や森林での接近戦には適していますが、平原での会戦では騎士が構える馬上槍lanceに長さが及ばず、一方的に攻撃されることになります。

　ラウペンの勝利のカギとなった中央部隊は、騎士を中心とした騎兵戦力が馬上槍を歩兵戦に転用したもので、こうした戦法はイタリアを中心に広まりつつありました。ではなぜ森林3邦とベルンではこうも戦術が異なったのでしょうか。

　その答えは、両者が依拠する産業や社会構造の違いです。森林3邦はその名の通り、主産業は林業や農業が中心ですが、ベルンをはじめとする盟約者団の加盟邦は、商工業が重要な地位を占める共同体でした。前者は「農村のスイス」、後者は「都市のスイス」と呼ぶべきもので、産業や社会構造の相違は、必然的に内部対立を引き起こします。
　そもそも、盟約者団は都市同盟の一形態であり、加盟邦の結束は決して強いものではありませんでした。森林3邦とベルンの同盟関係はありますが、ベルンやルーツェルン間での同盟関係はないことがこれを象徴しています。彼らは「ハプスブルク家に対抗する」という共通する利害によって緩やかに結びついているに過ぎず、加盟邦同士であっても利害が対立する場合は抗争にまで発展します。
　とりわけ「都市のスイス」の経済的な優位は明白であり、盟約者団の主導権は次第にベルンをはじめとする都市の手に移っていきます。しかし、都市の政策を優先するあまり、「農村のスイス」の不満は鬱積していきます。また、「都市のスイス」は支配地の農村とも対立を深めつつあり、盟約者団や都市の至るところで、両者は火花を散らしたのです。こうした対立は、最終的に

第II章　中世の戦場

4. 歩兵の復活――火器の黎明と歩兵戦術

15世紀に盟約者団の農村が一斉に蜂起するという大規模騒乱にまで発展します。

「都市のスイス」が早い時期から平原での会戦に順応しつつあったのに対し、「農村のスイス」の軍事革新は停滞します。1386年のゼンパハの戦いや、1422年のアルベドの戦いはまさにその好例で、どちらの戦闘でも農村の斧槍兵が下馬騎士の長柄槍に苦戦し、甚大な損害を被ります。それでも「農村のスイス」が従来の戦術に固執し続けたのは、一つに盟約者団内部における、都市と農村の対立があったからに他なりません。

　こうした内部対立が解消されることで、スイスの歩兵戦術はより洗練され、15世紀以降のスイス歩兵は傭兵として非常に大きな名声を得ます。傭兵としてのスイス歩兵は、斧槍に加えて都市が早くから採用した長柄槍（独：Spieß, 英：pike）が象徴的な武器となりました。スイス歩兵が傭兵として輸出されると、ヨーロッパ各国の軍隊はスイスの歩兵戦術を採用して改良され、近世戦争が幕を開けるのです。スイスが洗練させた歩兵戦術とは、長柄槍を構えた歩兵が銃兵を保護するという、「槍と銃 Pike and Shot」と呼ばれる戦術だったのです。

　ラウペンの戦いは、「農村のスイス」の戦術の限界を示すものでした。しかし、彼らの軍事革新が進むには、都市と農村の対立の克服が必要だったのです。ラウペンの戦いは、スイスの政治的な統合の課題と近世戦争の黎明を暗示する出来事であったと言えるでしょう。

第 III 章
近世の戦場
―― 火砲の普及と過渡期の戦争

1. 近代戦闘の雛型、「槍と銃」戦術

「槍と銃」という組み合わせ

　「近世」とは「中世から近代へと移行する過渡期」というべき時代です。したがってこの時代は、前近代的な要素と近代的な要素が入り混じった、特異な様相を呈します。そのなかでも軍事の分野には、特筆すべき事項があります。火砲の実用化と、その急速な普及です。

　火砲はすでに14世紀後期にヨーロッパで出現していましたが、15世紀半ばを境に改良が進み、各国に急速に普及します。大砲が最初に戦場に登場し、少し遅れて小銃（鉄砲）が登場します。小銃の画期的な革新が、火縄銃の発明でした。火縄銃は「マッチ・ロック式」と呼ばれる着火方法で、マッチ（火縄）に点火された火を、火皿の火薬に押し付けて発火させる銃です。火縄銃は大航海時代を通じて世界中に広がります。

　火縄銃、なかでも大型のものは「マスケット」（英：musket、日本ではマスケット銃という呼称が一般的）と呼ばれ、16世紀にヨーロッパで瞬く間に広まった小銃となりました。火縄銃は威力があり、また刀剣や槍、弓矢と比べて扱いが比較的容易で、訓練や熟練に時間を要さないという利点があります。一方で、滑空式（内部に加工を施していない筒状の銃身）であるため、発砲を続けると熱膨張で銃身が膨らみ弾道が不安定となる、1発ずつ銃弾を込めて発射するため時間がかかるという欠点があります。

　とりわけ弾丸の装填に時間がかかるという問題は、戦場での小銃の運用において課題となりました。なかでも機動力に優れる騎兵の接近はその最たるものであり、野戦（平原での会戦）における課題であり続けたのです。長篠の戦い（1575）で織田・徳川連合軍が築いた馬防柵は、野戦築城による銃兵保護の典型です。この課題を解決するべく、ヨーロッパでは16世紀にある戦

料金受取人払郵便

牛込局承認
6035

差出有効期間
2026年5月9日
まで

（切手不要）

郵便はがき

1 6 2 - 8 7 9 0

東京都新宿区
岩戸町12レベッカビル
ベレ出版

　　読者カード係　行

お名前			年齢
ご住所　〒			
電話番号	性別	ご職業	
メールアドレス			

個人情報は小社の読者サービス向上のために活用させていただきます。

ご購読ありがとうございました。ご意見、ご感想をお聞かせください。

● ご購入された書籍

● ご意見、ご感想

● 図書目録の送付を　　　　　　　　　希望する　　　希望しない

ご協力ありがとうございました。
小社の新刊などの情報が届くメールマガジンをご希望される方は、
小社ホームページ（https://www.beret.co.jp/）からご登録くださいませ。

術が広まります。それが、「槍と銃 Pike and Shot」と呼ばれる戦術です。

「槍と銃」とは、槍、より正確には長柄槍（英：pike、長さ3m以上の歩兵槍）を構えた歩兵の密集陣の合間に銃兵を配備するもので、長柄槍が槍衾を築くことで騎兵の接近を防ぐのです。このような密集陣は、古代ギリシアのファランクスにその起源を求めることもできますが、より直接的な起源は、後期中世の都市間抗争で、都市の民兵（なかでもイタリア諸都市）が編み出したものです。

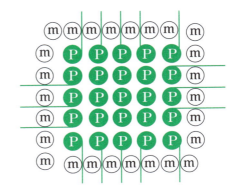

図30　「槍と銃」戦術 の模式図
長柄槍兵(Pikeman, Ⓟ)の周囲を銃兵(Musketeer, ⓜ)が取り囲むという陣形で、長柄槍（図中の━）が敵兵の接近から銃兵を保護した。

　そして「槍と銃」戦術を洗練させたのが、スイス盟約者団でした。第II章・第4節で述べたように、スイスは都市邦を中心に長柄槍を用いた歩兵戦術の改良を進め、これによりスイスは15世紀後期にヨーロッパで最高水準の軍事集団を擁するまでになります。このスイス歩兵が、まもなく傭兵としてヨーロッパ各国に進出し、各国の歩兵戦術もスイスに倣ったものに改良されるのです。長柄槍は攻防いずれにも用いられる柔軟な武器で、のちに銃剣がこれに取って代わるまで、ヨーロッパの戦争における重要な地位を占めました。

　しかし、小銃の普及は、ヨーロッパの戦場よりも、むしろ国家の在り方を大きく変えることになりました。その契機となったのが、イタリア戦争という初期近世に生じた国際戦争です（1494〜1559）。

パヴィア
近代戦争の黎明

1525

背景

　イタリア戦争とは、その名の通りイタリアを舞台とした戦争です。当時のイタリアは中世以来の政治的分断が続き、各地の諸侯国や都市国家に介入する形で、諸外国が勢力拡大を目論んでいました。なかでも虎視眈々とイタリア進出の機会を窺っていたのがフランスです。当時のフランスは、百年戦争に勝利し、官僚機構を整備して常備軍の編成を進め、ヨーロッパ有数の軍事大国に躍進していました。

　国力の充実を背景に、フランス王シャルル8世はイタリア征服に乗り出します。そのフランスの前に立ちはだかったのが、名目上とはいえイタリアに宗主権を有した神聖ローマ帝国の皇帝マクシミリアン1世でした。両者の争いは次の世代に持ち越され、フランスのフランソワ1世（位1515〜47）と神聖ローマ帝国のカール5世（位1519〜56）の争いが、この戦争の最も激しかった時期と言えます。

　フランソワ1世は神聖ローマ皇帝選挙で皇帝に立候補しましたが、これは当時スペイン王であったカルロス1世（位1516〜56）に阻止されます。カルロス1世はカール5世としてスペインと神聖ローマ帝国の2カ国に君臨し、イタリア抜きにしてもフランソワ1世にとって最大の脅威となります。

　この皇帝選挙と前後して、ドイツではマルティン・ルターにより宗教改革が始まります。フランソワ1世は、カール5世がルターに忙殺される隙に、1521年に神聖ローマ帝国北西域に侵攻しますが、まもなく進軍が停滞します。これをもって、第三次イタリア戦争が勃発したと見なします。フランソワ1世は、今度は北イタリアに軍を差し向けますが、各所で抵抗に遭いこちらも

戦況が停滞します。

　一方、カール5世はイングランド王ヘンリ8世やローマ教皇と同盟を組み、さらにフランソワ1世の封臣であったブルボン公シャルル3世が帰順したこともあり、フランス南東域に侵攻しますが、これもまた芳しい成果が得られずイタリアに撤退します（1524年9月）。

　1524年10月、フランソワ1世は4万の大軍を率いて北イタリアに再度侵攻し、この地域の中心都市であるミラノ、続いてパヴィア（ミラノの南方40kmに位置する都市）を占領します。また、フランソワ1世は教皇と秘密協定を結び、神聖ローマ帝国との同盟を内密のうちに破棄させます。

　状況がフランス有利に傾くなか、イタリアの帝国軍司令官であるシャルル・ドゥ・ラノワは、不利を悟ってローディ（ミラノの南東40kmほどに位置する都市）に撤退し、援軍の到着を待ちます。年が明けて1525年1月、ゲオルク・フォン・フンツベルク率いるランツクネヒト（ドイツ人傭兵団）1万5000が援軍として到着し、兵力を増強したドゥ・ラノワは反撃に打って出ます。

　ドゥ・ラノワの副官ペスカーラ侯がフランス軍の前哨基地を奪取し、ミラノとパヴィアの連携を遮断すると、フランソワ1世は主力軍の大半を郊外のヴィスコンティ庭園に集結させます。パヴィア市北方に広がるヴィスコンティ庭園は壁で周囲を囲まれており、フランス軍はこれをそのまま外縁からの侵入を防ぐ障害物（バリケード）として利用しました。しかし、庭園は壁に囲まれているとはいえ、その面積は22km^{2}にも及び、このためフランス軍は庭園内で散開せざるを得ませんでした。

　ドゥ・ラノワはこのフランス主力軍との戦闘を決断し、ここにパヴィアの戦いの火蓋が切られます。

決戦の選択9　庭園を利用して防御陣を敷くフランス軍をどのように攻略するか？

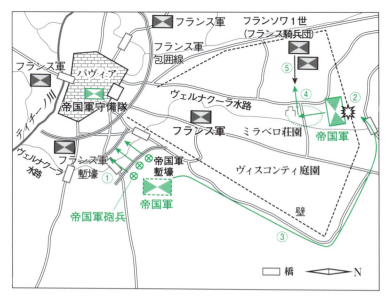

図31　パヴィアの戦い

戦力と経過

フランス軍

　フランス軍は6000の歩兵と3000の騎兵からなり、なかでも騎兵はジャンダルム gendarmeと呼ばれた、中世の騎士の系譜を引く重装騎兵がおよそ3分の2を占めます。これにスイス傭兵8000にドイツ人・イタリア人傭兵合わせて9000が加わります。しかし、イタリア人部隊は指揮官の負傷により撤退し、またスイス傭兵の一部が本国の情勢急変により呼び戻されます。これによりフランスは戦闘直前に8000の兵を失い、最終的に戦闘に参加したのは重装騎兵1300、ランツクネヒト4500、スイス傭兵5000、フランス・イタリア軍団9000の総兵力1万9800となります。

神聖ローマ帝国軍

　帝国軍は、1万2000のドイツ人部隊に、5000のスペイン人部隊、3000のイタリア人部隊、そして1500の騎士と800の騎兵が加わります。ドゥ・ラノワは、

フランス軍の兵力が消耗していることを受け、フランス軍への総攻撃を決断します。ドゥ・ラノワは夜になるのを待ち、闇夜に紛れて軍を北に進軍させ、水路を挟んでフランス軍陣地の対岸に布陣します。ドゥ・ラノワは歩兵隊を5つに分け、各々に小規模な騎兵隊2部隊を配備して支援させます。

戦闘は帝国軍の砲兵隊による砲撃で始まります（①）（図31）。砲撃でフランス軍の注意を引く間、先発したイタリア人工兵隊がヴィスコンティ庭園の北側の壁を壊します（②）。これにより庭園への突破口が開かれ、帝国軍は内部へなだれ込みます。雑木が生い茂る庭園で戦列を整えることはできませんでしたが、雨と霧のおかげでフランス軍に気付かれることなく踏破します（③）。

ドゥ・ラノワの決断　砲兵を利用してフランス軍の戦力を分断し、無防備な本隊の隙を突いた。

帝国軍は、フランス軍本隊がヴィスコンティ庭園の管理を担うミラベロ荘園およびミラベロ城に駐屯していると考え荘園に向かいますが、実際は離れた位置にフランス軍は展開していました。そこで帝国軍は、ミラベロ城を背後に軍を展開します（④）。フランソワ1世はようやく目前に帝国軍が迫っていることを悟りますが、このときフランス軍はパヴィア市とヴェルナクーラ水路の周囲で散開しており、反撃できるのはフランソワの直率する本隊しかありません。

フランソワ1世はやむなく攻撃に出ます。フランス軍の重装騎兵隊は、帝国軍とスペイン軍の騎兵部隊を追い払ったものの、ランツクネヒトを主力とする歩兵隊に苦戦します（⑤）。フランス軍のスイス傭兵とランツクネヒトは、長柄槍兵団によって保護された帝国軍の銃兵によって次々と討ち取られます。

フランス軍の傭兵団は撤退をはじめ、中央で善戦を続けた本隊も、側面からゲオルク・フォン・フルンツベルク率いるランツクネヒト隊の攻撃により

崩壊し、フランソワ1世も捕虜となりフランス軍は敗北したのです。

結果と影響

　この戦いでの勝利により、神聖ローマ帝国は当面の間、フランスの脅威を排除することに成功しますが、フランソワ1世は捕虜から解放されると、ローマ教皇やイングランドとコニャック同盟を結んで対抗します。しかしこれもカール5世率いる神聖ローマ帝国の優位を崩すに至りませんでした。

　イタリア戦争は1559年にカトー・カンブレジ条約が結ばれたことで最終的に終結しますが、特筆すべきは明確な勝者がいなかったことです。また、地中海の大国が軒並み参戦したことから、ヨーロッパ外交を主導する「列強」と呼ぶべき強国が出現し、これらの強国が国際秩序を担う主権国家体制が形成されるのです。

　戦争を前提とする主権国家体制の形成が進むにつれ、ヨーロッパ各国は軍事国家へと相次いで変貌を遂げます。これをより加速させたのが、火砲の急速な普及による軍事革命です。当時の国力は軍事力に他ならず、各国では国庫における軍事支出の割合が急増します。軍事力を増強するため、各国では官僚制の整備や重商主義政策が展開され、近世国家の様相が構築されます（この過程は「財政＝軍事国家論」と呼ばれます）。

　パヴィアの戦いは、近世戦闘の主流となる「槍と銃」戦術の初期の例であり、また後年にスペインはこれをより洗練させ、「テルシオ」と呼ばれる部隊編成を確立させます。槍兵に保護された銃兵の運用は、まさに近世戦闘の幕開けとも呼ぶべきものでした。

　のちに長柄槍は衰退しますが、その役割は銃剣の発明により継承され、ナポレオン戦争の時代まで基本的な戦術は「槍と銃」の時代から大きく変化することはありませんでした。パヴィアの戦いは、中世の主力であった騎馬戦力の後退と、近代歩兵戦闘を予感させる要素に富んだ一例と言えるでしょう。

2. 東アジアの再編
元末明初の戦乱

群雄割拠の元末

　アジアにおける「近世」は、「ポスト・モンゴル期」から始まると見なすことができるでしょう。13世紀にユーラシアを席捲したモンゴル帝国は、14世紀半ばからその支配が弛緩し始めます。なかでもモンゴル高原と中国を支配した元（大元ウルス）では、建国の祖クビライの跡を継いだ孫のテムルが後継なくして没すると（1307）、宮廷では帝位をめぐる内乱が勃発します。一連の権力闘争により、1333年までの11年間に、元では7人の皇帝が登廃位されるという異常事態に陥ります。

　宮廷の混乱は、官僚たちへの統制も必然的に緩み、地方では汚職と重税による収奪が相次ぎます。さらに、14世紀に小氷期と呼ばれる地球規模での寒冷期が到来して作物の不作が続き、同時に黒死病が世界規模で流行するなど、地方の混乱は止まるところを知りません。一方で、権力闘争に明け暮れる中央政府は、こうした事態に十分対処できず、民衆の不満が徐々に高まります。

　1348年に、華南で方国珍という人物を指導者に反乱が生じると、これに続いて51年には白蓮教徒の一派である紅巾党が反乱を起こします。いわゆる紅巾の乱です。紅巾の乱を機に各地で反乱軍が挙兵し、中国は群雄割拠の様相を呈します。そうした群雄の一人に、江南出身の農民であった朱元璋がいました。朱元璋は1356年に応天府（南京）に拠点を構え、現在の江蘇省・浙江省・安徽省にまたがる一帯に一大勢力を築きます。

　当時の朱元璋には、有力な競合相手が2人いました。一人は華南の沿岸に勢力を張る張士誠、もう一人は湖北から江西に一帯を拠点とする「漢」を建国した陳友諒です。3者は当時の中国経済の中心である江南（長江下流域）

図32 長江中・下流域（国境や省境は現在のもの）

をめぐって激しく争い、1360年に陳友諒は大軍を率いて朱元璋を攻め、応天府を包囲します（このとき張士誠と同盟を組もうとしますが、これは成功しませんでした）。危機に陥った朱元璋でしたが、何とかこの包囲軍を撃退し、翌年には再び大軍を率いて進軍した陳友諒を破り、漢の領域を大きく奪います。

状況は徐々に朱元璋優位に進んでいるかに見えましたが、陳友諒率いる漢はまだまだ強勢を維持しています。陳友諒は1363年に、今度は大艦隊を編成して長江を下り、朱元璋に奪われたばかりの南昌の奪回を目論みます。朱元璋も南昌を救うべく艦隊を率いて出陣し、両者の軍は中国最大の淡水湖である鄱陽湖（現在の江西省北部）で激突します。

鄱陽湖
水上を覆う火炎の地獄絵図

1363

戦力

陳友諒率いる漢の水軍は、「楼船」と呼ばれる大型軍艦を主力としていました。3層の甲板からなる楼船は、火器や矢などで武装され、さらに接近する小舟を叩き潰すための竿が周囲に取り付けられていました。また火矢や砲弾からの着火を防ぐために、全体が鉄板で覆われていたといいます（どの程

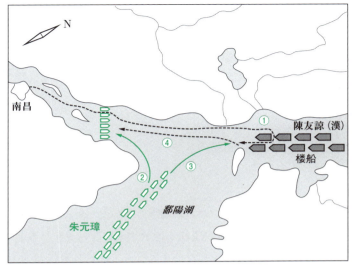

図33 鄱陽湖の戦い

度の装甲であったかについては諸説あります)。漢の水軍は、推定で2000〜3000の水兵が乗り込んでいたとされます。陳友諒は朱元璋の接近を知ると、南昌を包囲する一部を残し、大部分の艦隊を率いて水深の深い位置に移動します(①)(図33)。

一方、朱元璋の水軍は船の数では漢の3倍、兵士は20万の大軍でしたが、小型船が中心であり、機動力で敵を攪乱しようとします。また、朱元璋は季節も味方につけます。戦闘のあった8月は、湖水が蒸発して水位が低下する時期であり、楼船のような大型艦は徐々に身動きが取れなくなるのです。朱元璋は艦隊を11の部隊に分け、事前に湖の出口を封鎖するなどして漢の退路を断ちます(②)。

経過

朱元璋の艦隊は漢の水軍への攻撃を開始しますが、重武装の楼船には近づくことすら困難であり、一時は朱元璋の旗艦が敵将の張定辺に肉薄を許すなど危機に立たされます。翌日には、漢の水軍は船同士を鎖で結んで堅固な要

塞としたのです。朱元璋はこの「要塞」に攻撃を命じますが、これは惨憺たる失敗に終わります（③）。あまりの損害に、朱元璋は11の船団の司令官全員を処刑したほどです。2日が経過しても状況は変わらず、朱元璋はここである「決断」を下します。

決戦の選択10 堅固な大型艦隊の「要塞」をどのように小型船で攻略するか？

　朱元璋は風向きが東北、すなわち敵艦隊に向かって変わるのを見て取ると、決死隊を組織し、7隻の船に火薬を満載させて火船とします。火船は敵に悟られないよう、鎧を着せた藁人形を乗せる念の入れようでした。これを漢の水軍に突撃させるのです。

　結果は甚大なものでした。朱元璋の放った火船により、漢の水軍に次々と火が燃え移ります。漢の水軍は艦と艦を鎖で係留していたために、風向きと相まって瞬く間に燃え広がったのです。これにより陳友諒は数百隻の船を失い、残った艦隊も朱元璋が湖口を封鎖した艦隊によって退路を断たれ、敵に寝返る者が後を絶たなかったといいます。陳友諒は自ら艦隊を率いて突破を試みましたが、流れ矢にあたって戦死します。これによって、勝敗は決しました（④）。

朱元璋の決断 敵艦隊の機動力の乏しさを見て取り、火船による火攻めを命じた。

結果と影響

　鄱陽湖の戦いは漢にとって殲滅戦となり、なかでも指導者であった陳友諒を失ったことで、朱元璋の優位は決定的なものとなりました。漢は翌1364年に朱元璋の軍門に降り、67年には張士誠を攻め滅ぼして江南一帯の統一に成功

します。華南を制覇した朱元璋は、ついに北方の元朝政府に狙いを定めます。

　同年の1367年に、朱元璋は25万もの大軍を派遣、遠征軍は各地で連戦連勝を繰り返し、ついに元の首都・大都（現在の北京）を攻略します。元の皇帝トゴン・テムルは上都（現・内モンゴル自治区ドロンノール県近郊）へと後退し、万里の長城の北へとモンゴルを追いやります。モンゴルを排除し中国を統一した朱元璋は、1368年に皇帝に即位します。このとき朱元璋は元号を「洪武」と定め、日本ではこれ以降の彼を洪武帝（位1368〜98）と呼び、洪武帝は自らの国号を明と称します（1368〜1644）。

　さて、洪武帝こと朱元璋が攻め滅ぼしたライヴァルに張士誠がいましたが、彼に幕僚として仕えていた人物に羅貫中がいました。羅貫中は、朱元璋と陳友諒の決戦となった鄱陽湖の戦いを、詳細に知っていたと考えられます。のちに羅貫中は三国時代を舞台とした『三国志演義』という小説を編纂しますが、この『三国志演義』のハイライトである赤壁の戦いの描写は、一説によるとこの鄱陽湖の戦いをモデルとしたのではないかといわれています。

　そもそも、208年の赤壁の戦いは、戦場となった「赤壁」がどこであったかすら正確には分かっておらず、また有名な「火攻め」のくだりにしても、正史である『三国志』をはじめ様々な記録には言及はありますが、曹操の艦隊が鎖で船をつないでいたという記述は見当たりません。しかし、現在ではこの『演義』における赤壁の戦いの描写が有名となっており、その原型とされる鄱陽湖の戦いは忘れ去られたものとなったのです。

3. 清朝の興隆
内陸アジアの覇権抗争

ジューンガルの勃興と清朝

　1351年に始まる紅巾の乱を機に、中国の支配を失ったモンゴルですが、クビライ（元）の皇統が1388年に途絶えたことで、モンゴル諸部族のハーン（カアンないし大カン）をめぐる抗争が断続的に続きます。このうち、14世紀半ばまでに、オイラトという部族連合が台頭します。その族長であったエセン（オイラト族長として位1439～54）は、明に侵攻して正統帝を拿捕（土木の変、1449）し、東チャガタイ・ハン国やウズベクに勝利するなどして、モンゴル高原に覇権を打ち立てます。

　エセンはついに自らハーンに即位しますが（1453）、モンゴル諸部族では「ハーン」の称号を名乗る資格は、チンギスの男系の血を引く人物に限られるという慣例がありました（「チンギス統原理」と言います）。エセンはチンギスの血統でないにもかかわらずハーンを称したことで人心を失い、即位の翌年に暗殺されます。

　以降のオイラトは勢力を大きく後退させ、拠点を西方へと移します。17世紀に入ると、オイラトを構成する部族のうちホシュート部がトゥルバイフという族長の下で頭をもたげます。トゥルバイフは、チベット仏教（モンゴルの民族宗教で、現在でもその多数派が信仰）のゲルク派の宗主ダライ・ラマ5世の支援を名目にチベットに遠征します。これにより、トゥルバイフはダライ・ラマの保護者として絶大な権威を手にし、またダライ・ラマも宗教のみならず政治指導者としての地位が劇的に向上します。

　トゥルバイフはこれよりグーシ・ハーンと呼ばれ、チンギスの血統でないにもかかわらずハーンを名乗ることができるようになります（位1606～55）。とはいえ、グーシ・ハーンの直接的な支配は青海地方にほぼ限られましたが、

それでもダライ・ラマの承認によりハーンに登位するという前例を作り出したのです。

　一方で、グーシ・ハーンの娘婿であったバートル・ホンタイジは、オイラトの構成部族であるジューンガル部を率いていましたが、彼の四男であったガルダンは暗殺された兄の後を継ぎ、オイラト諸部族を征してその支配者となります。ガルダンもまたダライ・ラマ5世と綿密に連携し、東トルキスタンから西モンゴルに至る大帝国を築き上げます。1679年にガルダンはダライ・ラマよりハーンの称号を授かり、ガルダン・ハーンと呼ばれます。また、ガルダン・ハーンにより強大化した遊牧政権は、一般に「ジューンガル」と称されます。

　ガルダン・ハーンのもとで強勢を誇ったジューンガルでしたが、その覇権に対抗する強大なライヴァルが東方より迫ります。それが、満洲人が建国した清朝（ダイチン・グルン）です。清はホンタイジ（位1626〜43）がクリルタイによりハーンに推戴されたことを機に、モンゴル諸部族への支配を強めようとしており、清とジューンガルの対立は必然的に激化していきます。このガルダン・ハーンの内陸アジア覇権に挑戦したのが、清の康熙帝（位1661〜1722）でした。

ジョーン・モド
騎馬遊牧民の斜陽

1696

背景

　1688年にガルダン・ハーンが3万の騎馬兵とともにモンゴル東部に侵攻すると、康熙帝はこの動きを警戒します。しかし、遊牧国家であるジューンガルは簡単に屈服させられる相手ではなく、康熙帝は当初から長期戦を覚悟してジューンガルの攻略に乗り出します。かつてのモンゴル帝国と同じく、

ジューンガルは騎馬兵の機動力を最大の持ち味としており、他方の清もまた騎馬兵を重視しましたが、火砲の充実化も進めていました。

　手始めに清は裕親王(ゆうしんのう)を最高司令官として、遠征軍を派遣します。ジューンガルと同じく騎馬兵に重きを置く清でしたが、中国本土では良馬の確保は困難であり、痩せ衰えた馬を率いて進軍せざるを得ませんでした。加えて兵站も不十分であり、疲弊した清軍はウラーン・ブトンでジューンガルと戦闘になりますが（1690）、結局この戦いではガルダンの軍は大した損害もなくジューンガルに撤退し、清軍の損害を鑑みれば割に合わない戦闘であったと言えるでしょう。

　康熙帝は遠征の実質的な失敗を厳しく咎め、さらに大規模な遠征を計画します。一方のガルダン・ハーンは、1695年夏に再びモンゴルに舞い戻りましたが、この時はわずか5000〜6000の騎馬兵を率いるに過ぎませんでした。ガルダンの戦力が充実していないこのタイミングは、康熙帝にとっては絶好の機会であったと言えます。

　とはいえ、康熙帝の行動は慎重でした。撫遠大将軍であった費揚古(ひようこ)（フィヤング）の提言を受け、馬の飼葉が十分に確保できる翌年春を待ち、3方面

図34　17世紀のジューンガルと清

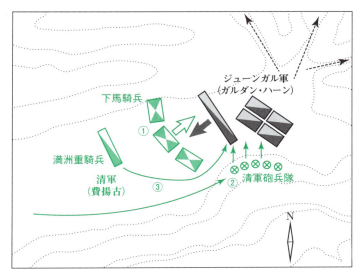

図35　ジョーン・モドの戦い

から軍を分けて進軍します。康熙帝自らも中路軍を率い、このときの総兵力は3万3000にも上るものでした。このうち費揚古率いる清軍の西路軍がガルダン・ハーンの追跡を始め、ようやくジョーン・モド（モンゴル語で「百本の木」の意）と呼ばれる渓谷で捕捉します（正確な場所ははっきりとはしておらず現在のバヤン・ウラーン付近と推定）。

経過

　清軍は歩兵に木製の楯を準備させ、さらに兵の纏う鎧には綿を詰めるよう命じます。ジューンガル騎馬兵の矢の射撃による損害を、少しでも軽減させるためです。清の費揚古は騎馬兵に下馬を命じて前進させ、楯と綿で防御を補強した清軍はジューンガル軍への進軍を開始し、ここにジョーン・モドの戦いが始まります（①）（図35）。

決戦の選択11 機動力に優れるジューンガル騎兵に、どのように大打撃を与えるか？

　清軍歩兵はジューンガル騎馬兵を引き付け、射撃に耐えながら徐々に前進します。この戦闘で、清軍はジューンガル軍を見下ろす高台を占領し、ここに砲兵を配備します。清軍砲兵隊は高台からジューンガル軍を激しく砲撃し、これによりジューンガル軍は野営地もろとも大損害を被ります（②）。

 費揚古の決断 渓谷にジューンガル軍を追い込み、高台に砲兵隊を配備して殲滅を図った。

　ここで費揚古は、満洲の重騎兵に突撃を命じます（③）。すでに士気が低迷していたジューンガル軍でしたが、康熙帝の率いる援軍が接近しているという噂が流れ、さらにガルダン・ハーンの妃アヌ・ダラ・ハトゥンが清軍の突撃で落命すると、完全に戦意を喪失します。退却を始めたジューンガル軍でしたが、その多くは清軍の追撃を受けて討ち取られ、ガルダン・ハーン自身はわずか40名ほどを連れて戦線を離脱します。

　戦闘は清軍の疑いようのない大勝利に終わります。接近の噂が流れた康熙帝率いる中路軍は、実際はジョーン・モドよりかなり後方を進軍していましたが、勝利の報を耳にした康熙帝は北京に軍を引き揚げます。

影響

　ジョーン・モドの戦いにより、ガルダン・ハーンひいてはジューンガルの覇権は凋落に向かいます。ガルダン自身は翌1697年に毒殺（あるいは服毒自殺）され、以降も彼の後継者が清のジューンガル支配に立ちはだかりましたが、ジューンガルがかつての栄光を取り戻すことは叶いませんでした。康熙

帝の没後、雍正帝の遠征を経て、ついに乾隆帝はジューンガルの完全平定に成功します。ジューンガルが拠点とした東トルキスタンは、清の藩部に編入され、以降は「新疆（新たな土地の意）」と改称されます。

　清はジューンガルを降し、さらに雍正帝のチベット遠征で、チベットおよびダライ・ラマの保護者として確固たる地位を築きます。こうして清は、満洲や漢族の中国のみならず、モンゴル諸部族の平定にも成功します。多民族国家である清の統治は必ずしも一元的なものではなく、清の君主は中華皇帝、モンゴルのハーン、チベット仏教の保護者という様々な側面を利用して支配に臨みます。その支配構造は、今日の中華人民共和国の地方統治にも引き継がれるのです。

　ジョーン・モドの戦いは、騎馬戦力の限界を象徴する戦闘であったと考えることもできます。火砲を充実させた軍隊が決定的な勝利を挙げたことで、騎馬兵が戦場を支配した時代は終わりを告げたのです。ある意味では、この戦闘は長篠の戦いやチャルディラーンの戦いといった、「火砲が騎馬戦力に勝利した」戦闘のなかでも、とりわけ意義深いものであったとも言えます。かつて騎馬戦力を用いてユーラシアを制覇したモンゴル騎馬兵の後継者が、軍事的に屈することになったからです。

　注目すべきは、ジョーン・モドの戦いで最も熾烈な場面となったのが序盤、それも高台をめぐる攻防でした。すでにジューンガルはロシアとの交易を通じて火砲部隊の充実化を進めており、ガルダン・ハーンも、高台が砲撃に適した位置にあることを認識していました。このように、すでに騎馬遊牧民の間でも、火砲が脅威として認識されていたことが窺えます。ジューンガルは「最後の遊牧帝国」とも称されますが、その覇権を挫いたジョーン・モドの戦いは、軍事史においても新たな局面を予感させるものであったと言えるでしょう。

4. 植民地戦争
戦場が世界へ広がる

英仏第二次百年戦争

　近世ヨーロッパ諸国は大航海時代（大交易時代）の幕開けとともに、文字通り世界中に進出するようになります。これにより各国は、植民地を拡大していきます。植民地とは海外領を指しますが、その役割は近世の前期と後期で大きく変化します。近世前期の植民地の役割は、希少な物産の産地であるという点が重視されます。そもそも大航海時代自体が、香辛料をはじめとする珍しい物産を求めて世界に進出するという「商業の時代」だったわけです。

　これが後期になると、植民地は「市場」としての役割に重点が置かれるようになります。国産品（おもに工業製品）を売りさばくための海外領です。17世紀より、ヨーロッパ諸国では次第に「重商主義」と呼ばれる思想が広まります。重商主義とは、国際商業での収支における貿易黒字（＝輸出額－輸入額）の最大化を目的とするものです。

　ここで注意すべきは、自国の商人は海外に投資をするのが常であるということです。自国の商人が外国に投資してしまっては、国益にあまり還元されません。そこで、商人たちの投資先として海外市場を用意するのです。こうした海外市場（＝植民地）の代表例が、イギリスが北米に建設した13植民地（のちにアメリカ合衆国として独立）や、同じくフランスが北米に建設したカナダ植民地とルイジアナ植民地です。

　ヨーロッパ諸国、なかでも「列強」と呼ばれた大国の海外進出は、こうした海外市場の独占をめぐって必然的に衝突するようになります。17～19世紀に世界中を舞台に争ったのがイギリスとフランスで、両国の断続的な抗争は「第二次英仏百年戦争」と称されます。

　この「第二次英仏百年戦争」の趨勢を決したのが、18世紀半ばの七年戦争

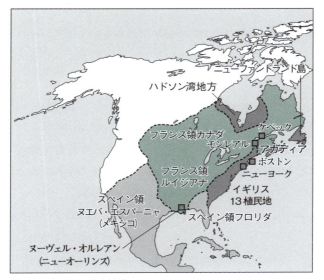

図36　1754年の北米情勢

でした（1756〜63）。七年戦争はヨーロッパのみならず、北米（フレンチ・インディアン戦争）、インド（プラッシーの戦い／第三次カーナティック戦争）でも戦争が展開され、まさに世界大戦の様相を呈したのです。この七年戦争の発端となったのが、北米における植民地抗争でした。

　北米は、イギリスが17世紀より入植を本格化させ、これと前後してフランスもカナダ植民地の建設を進めます。また、フランスは17世紀後期にミシシッピ川流域の植民地化も進め、こちらはルイジアナ植民地と呼ばれます。隣接する両国の植民地は、早くも同世紀末に衝突を始めます。1688〜97年のウィリアム王戦争を皮切りに、アン女王戦争（1702〜13）、ジョージ王戦争（1744〜48）と立て続けに抗争を続け、このうちアン女王戦争で、イギリスはハドソン湾地方、アカディア、ニューファンドランド島を領有するなど戦局をややリードしましたが、残る2つは引き分けに終わります。

　ジョージ王戦争が勝敗のつかないまま終結しても、両国の植民地における対立は解消しませんでした。なかでもオハイオ領土をめぐる対立が深まり、

4．植民地戦争——戦場が世界へ広がる

フランスは1753年からこの地で砦の建設を進めます。同年、オハイオのフランス軍に対し、イギリスのヴァージニア植民地総督ディンウィディーは、フランスに立ち退きを警告すべく、使節を派遣します。

　年が明けて1754年、使節団はフランス軍指揮官に総督からの書簡を渡しましたが、指揮官は総督の要求を丁重に断ります。使節団はヴァージニアに帰還すると、「フランスが侵攻を開始した」という旨の報告を書き記しました。この使節団を率いたのが、当時ヴァージニア民兵隊の少佐であった、21歳のジョージ・ワシントンでした（のち合衆国初代大統領）。

　ワシントンの報告の3ヵ月後、ペコーディ・ドゥ・コントレクール率いるトゥループ・ドゥ・ラ・マリン（フランス北米植民地の正規兵）が、イギリスのプリンス・ジョージ砦を攻略し、ここをデュケーヌ砦と改名してフランスの要塞とします（のちにイギリスが奪回しピッツバーグと再度改称され現在に至る）。これより北米のイギリスとフランスは本格的な交戦状態に突入し、これは北米各地のインディアン諸部族も巻き込むことになります。フレンチ・インディアン戦争の開戦です。

ケベック　1759
イギリスの北米支配を決した、大胆にして繊細な作戦

背景

　フレンチ・インディアン戦争の初戦で、イギリスは苦戦を強いられます。フランスはインディアン諸族とともにイギリス軍を攪乱し、ヨーロッパ式の野戦で対抗しようとするイギリスは歯が立たなかったといいます。フランス軍はルイ-ジョゼフ・ドゥ・モンカルム侯の指揮の下、戦争を優位に進めます。なかでも1758年のカリヨンの戦いでは、モンカルム率いる4000のフランス軍が、1万8000のイギリス軍に勝利するという大戦果を挙げます。

しかし、カリヨンでの戦勝の翌月にはイギリスはルイブール砦とフロンテナック砦を攻略し、翌1759年よりイギリスは反撃に転じます。フロンテナック砦が陥落したことで、フランス軍は補給が続かなくなり、モンカルムは兵をセントローレンス川河口のケベック（カナダ植民地の中心都市）に後退させます。イギリスはここでケベックへの攻撃を決定し、ジェームズ・ウルフ将軍率いる遠征軍を派遣します。

戦力

　イギリス軍はウルフ将軍麾下の正規兵8500を率いてセントローレンス川を遡航します。ウルフはヨーロッパ戦線やジャコバイトといった勢力との交戦で経験を積んだ歴戦の将校であり、当時の首相・大ピットが見込んで北米に派遣したのです。このうちケベックでの戦闘では4400が参加します。

　フランス軍はモンカルム率いる正規兵1900、インディアンを含む植民地民兵1500を合わせた3400で対抗します。当初こそイギリス軍にやや劣りますが、のちに動員令によって総兵力は1万5000にまで増えます。それにも増して、険しい地勢を活かしたケベック市そのものが、難攻不落の要塞としての機能を期待されていました。

　当時のケベック市は、市そのものが星形砦として要塞化が施され、ケベック市の南は堅固な絶壁が控えており、また西方は2ヵ所の大規模な稜堡とその間を埋める半稜堡により十分に防御されていると見なされました。したがって、フランス軍の見立てでは、イギリス軍は市の北方より攻撃し、悪路を南下しながら市に接近するため疲弊は必至だとしたのです。

　しかし、ケベック市の防衛機構にはいくつかの問題点を抱えていました。その問題点とは、

(1) 城壁はわずか3年前に完成したばかりであり、適切な壕が掘られていない（あっても深さが浅い）。

⑵ 砲弾の直撃や梯子を防ぐ外堡がまったく備わっていない。
⑶ 北側より南側の稜堡が低く、隣接する稜堡の支援射撃ができない（星形砦の本来の目的を考えると致命的）。
⑷ 城壁の北端を見下ろす高台が控え、ここに砲兵を配置されると砲撃から無防備となる。
⑸ ケベック市の西に広がるエイブラハム平原に面した城壁には、大砲の砲眼が一切設けられていない。

を挙げることができます。守備隊が防備に自信を持つ一方、モンカルムは防備に懸念を抱き、城外に野戦築城線を築くことで、防備を補おうとします。しかし、モンカルムは⑸のエイブラハム平原の弱点を見落としており、これがひいては勝敗を決する要因となります。エイブラハム平原には、セントローレンス川に面した南側に断崖が控えており、ここを登るにはたった1ヵ所の隘路しかなかったためです。

経過

　1759年に、モンカルムはボーポール湾に防御線を完成させ、また動員令をかけたことで民兵を含め1万5000の兵力の確保に成功します（図37）。一方で、イギリス軍はケベック市の弱点はレヴィ岬の無防備にあるとし、海軍提督ソーンダーズの指令を受け、ウルフはボーポール湾を攻撃すると見せかけ、セントローレンス川を挟んで南岸のレヴィ岬の占拠に成功します（①）。ここに砲台を築き、ウルフは早速ケベックに攻撃を加えるものの、この襲撃は大損害を被り失敗します（②）。以降は、モンカルム率いるフランス軍を城外におびき寄せようとしますが、一向にフランス軍は動く気配がありません。

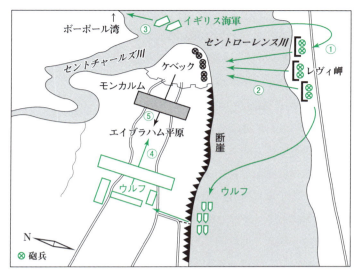

図37　ケベック攻略戦

 ケベック市で防衛戦に徹するフランス軍をどのように城外に誘い出すか？

　レヴィ岬の占拠からひと月が過ぎた9月上旬、ウルフはフランス軍より脱走したイギリス軍の捕虜より、エイブラハム平原に続く隘路の存在を告げられます。ここでウルフは、大胆な行動に出ます。即座に軍を動かし、セントローレンス川を渡ってエイブラハム平原への上陸を断行したのです。フランス軍が隘路に重点的な防御を築いている可能性もありましたが、ウルフは、フランスはあくまでもケベック市内で防備を固めていると踏み、賭けに出たのです。

 断崖の隘路を利用してエイブラハム平原に素早く兵を展開した。

4．植民地戦争──戦場が世界へ広がる

渡河したイギリス軍は、隘路の手前に布陣していたフランス民兵隊を蹴散らすと、そのままエイブラハム平原へと兵を進軍させます。やはりモンカルムはイギリス軍のエイブラハム平原への上陸を考慮していなかったのです。この間、ソーンダーズ提督率いるイギリス海軍は、フランス軍の注意を引き付けるためにボーポール湾に激しい砲撃を加えます（③）。

　ウルフ率いるイギリス軍はエイブラハム平原に迅速に布陣し、モンカルム率いるフランス軍は完全に隙を突かれた形となりました（④）。モンカルムは急遽軍を率いて平原で野戦に突入しますが（⑤）、このときモンカルムが率いたのはインディアンを含む民兵であり、平原での会戦には不慣れでした。野戦はわずか15分ほどで決着がつき、フランス軍は瞬く間にケベック市へと敗走します。しかし、開戦から5分と経たないうちにウルフが流れ弾に斃れます。

　この戦闘でモンカルムもまた被弾し、これが致命傷となって翌日の早朝に息を引き取ります。とはいえ、この野戦で勝敗は決し、ケベックは平原での会戦から5日後の9月18日に陥落します。

結果と影響

　エイブラハム平原の戦闘で、イギリス軍は死亡58、負傷600と比較的軽微だったのに対し、フランス軍は死亡116、負傷600、捕虜350という損害を出します。翌年にはイギリスはモンレアル（現モントリオール）も占領し、これによりイギリスは北米の大半をフランスから奪取することに成功します。以降もイギリスは戦局を優位に進め、ついに1763年にパリ条約が結ばれて戦争は終結します。この結果、ケベックを含むカナダ植民地とミシシッピ以東のルイジアナがイギリスに割譲され、フランスは北米植民地経営から撤退することになります。

　ケベックの攻略は、フレンチ・インディアン戦争におけるイギリス軍の本格的な反攻の先がけとなりました。一方で、この戦闘でジェームズ・ウルフを失ったことは、のちのアメリカ独立戦争でイギリス軍を率いる優秀な軍人

を失ったことも意味します。ただし、ウルフはこの時点で持病を患っており、残された寿命はすでに長くなかったといいます。

　叩き上げの軍人であったウルフは、時に性急であった面も否めませんが、大胆かつ繊細な戦術をもってイギリス軍に勝利をもたらしました。一連のケベック攻略戦は、「殲滅」と「攪乱」が発揮された好例と言えるでしょう。

第III章 近世の戦場

第 IV 章
近代の戦場
―― 戦争の「近代化」が
もたらしたもの

1. 戦争の「近代化」
軍組織にもたらされた革新

近代とナショナリズム

　近代もまたヨーロッパから始まった時代と見なすことができ、その特徴として「産業革命」と「ナショナリズム」を挙げることができます。産業革命は18世紀半ばのイギリスで発生し、「工業化」とも呼ばれます。産業革命すなわち工業化の核になる部分は、「手工業から機械工業への転換」、言い換えれば今まで手作業で生産していた製品を、機械で生産するようになった、ということです。

　人類はいよいよ大量生産の時代に突入します。この産業革命の過程で、欧米各国ではある政策が採られます。それが保護貿易政策で、これは高率の関税を設定するなどして、国内市場を輸入品から守ろうというものです。欧米各国は、最初に産業革命を成し遂げたイギリスの安い製品に対抗するため、必然的にこのような政策を採用します。とはいえ、この保護貿易をめぐり、必ずと言っていいほど国内で対立が生じることとなり、この克服が課題となります。

　しかし、それ以上の課題が、工業化を成し遂げた後にも控えているのです。工業化を遂げた後発国は、いざ工業製品を輸出しようとしても、欧米各国は高率関税を設定しているため思うように売ることができません。そこで、次なる活路を海外市場すなわち植民地に見出します。こうして、19世紀後期から列強諸国による世界分割が進行し、これを「帝国主義」と呼びます。

　保護貿易主義を敷くためには、国内世論を合致させた中央集権的な政府が必要です。保護貿易と工業化が中途に終わると、他国によって市場（植民地）として蚕食される可能性もあります。このため、国内統合の理論として活用

されたのが、近代において登場した「ナショナリズム」という思想潮流でした。ナショナリズムと国民の登場、これは近代戦争においても大きな影を落とすことになるのです……。

アウステルリッツ
ナポレオン戦術の最高峰

1805

背景

　近代の訪れを告げる事象の一つに、フランス革命とナポレオン戦争（1789〜1815）があります。革命の末期から台頭したのが、コルシカ島出身の軍人ナポレオン・ボナパルト（1769〜1821）です。彼は第一次イタリア戦役（1796）で第一回対仏大同盟を解消させると、1798年にはイギリスの弱体化を目的にエジプト遠征を敢行しますが、アブキール湾の海戦で敗北し第二回対仏大同盟が結成されたため、急遽、母国に帰還します。

　ここでナポレオンは、革命の元老シェイエスと手を組みブリュメール18日のクーデタを起こします。クーデタは成功し、ナポレオンは新たに統領政府を発足させ、自ら第一統領（1802年より終身統領）に就任します。おもに内政に重きを置いて国力の拡充を図ったナポレオンは、ついに1804年に国民投票を経て皇帝に即位します。フランス第一帝政の開始です。これを受けてヨーロッパ諸国は第三回対仏大同盟を結成し、ナポレオンはヨーロッパ諸国を敵に回すことになります。

　とはいえ、ナポレオンには勝算がありました。緒戦のトラファルガーの海戦ではイギリス海軍に手痛い敗北を喫しましたが、続いてヨーロッパ諸国への遠征に取り掛かります。手始めに神聖ローマ帝国（ドイツ領邦の国家連合体）に矛先を向けます。

　神聖ローマ帝国の中心であるオーストリア軍を指揮するカール・マックは、

第Ⅳ章　近代の戦場

1. 戦争の「近代化」——軍組織にもたらされた革新

フランス軍の移動に2ヵ月はかかると見込んでいました。しかし、ナポレオン率いるフランス軍は、800km以上の距離をわずか30日前後で踏破するという、マックの想定した倍に相当するペースで進軍します。フランス軍は行軍路に位置するライン川沿いの要塞都市で補給を受けられたうえ、強行軍にも耐えうる能力を有していました。予想外のフランス軍の接近に、マックは同盟軍との合流を待たずしてウルムで戦端を開きますが、これはナポレオン軍に敗北を喫します。

1805年11月にウィーンに到着したナポレオンは、オーストリア軍を追跡し、オーストリア領内のモラヴィア（現在のチェコ東部）のアウステルリッツ村で、ロシアとオーストリアの連合軍と対峙します。

戦力 —— 師団の運用

フランス軍の主軸はのちに「大陸軍」と称される軍隊であり、ナポレオンは第三回対仏大同盟の結成に先立って新たに編成しなおします。イタリアのボローニャで編成されたこの軍は7つの軍団からなり、これに2つの胸甲騎兵師団、5つの竜騎兵師団に1つの軽騎兵師団が加わり、総兵力は6万5000から7万5000程度とされます。

一方、連合軍はロシア軍とオーストリア軍合わせて7万3000から8万9000が参戦し、数のうえではフランス軍を大きく上回っていました。しかし、ロシア軍は連隊以上の恒常的な編成はなく、指揮官は支配階級から選抜され、その基準は能力ではなく売官によるものでした（売官制は近世以降のヨーロッパ諸国で広く見られます）。オーストリア軍は、新たに司令官となったカール・マックが部隊の改編を行うなどしたことで指揮系統が混乱し、加えてロシア軍の補給の7割を負担するなどしており、両軍の連携は円滑であったとは言い難い状況にありました。

それにも増してナポレオン軍の最大の特徴は、戦闘師団と軍団の導入にあります。従来のヨーロッパの軍隊は、大隊 battalionという単位から編成され、

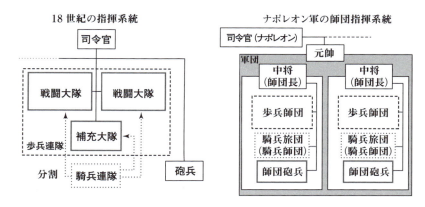

図38　大隊と師団の指揮系統

標準的な軍隊であれば、1ないし2個の戦闘大隊に補充大隊から構成される歩兵連隊からなります。騎兵に関しては歩兵と同様の連隊が組まれたものの、各歩兵大隊に分割して配置されることも多かったのです（アウステルリッツでのオーストリア軍の騎兵の運用もまさにそうでした）。

このため大隊を核とする従来の編成は、指揮官の資質に大きく依存することとなり、指揮官は戦略・作戦・戦術といったあらゆる方面で統制せねばならないという、負担が大きいものでした。指揮系統の煩雑さを解消しようと、ヨーロッパ諸国では次第に大隊に代わる旅団という単位が用いられるようになりましたが、これに対し、フランスでは七年戦争中（1756〜63）に師団という単位が設置されます。師団 division とは、連隊を束ねる上位の単位であり、当初フランスでは国土を軍管区に分割し、その軍管区の守備にあたる諸連隊を師団としたもので、必ずしも戦場での運用を前提としたものではありませんでした。

師団に変化が生じたのはフランス革命がきっかけです。1792年にオーストリアに宣戦したことで革命戦争が勃発すると、フランス革命政権は史上初となる徴兵制を敷きます。これにより543大隊、人数にして45万人という大規模な兵力を確保しましたが、すでに戦場で運用されていた義勇兵も含め、従来

1．戦争の「近代化」——軍組織にもたらされた革新

の常備軍と混成させることで、各部隊の練度に著しい格差が生じてしまいます。

　そこで、ジャコバン政権下の公安委員であったラザール・カルノー（1753～1823）は、熟練兵の1個大隊に志願兵などからなる2個大隊を混成させた半旅団（准旅団、demi-brigade）を組織し、さらに歩兵半旅団4個と騎兵半旅団2個に火砲8門を加えて1個師団として編成します。カルノーの編成で画期的だったのは砲兵を加えたことにあり、これにより歩・騎・砲の3兵科からなる諸兵科連合部隊が発足したのです。

　ナポレオンは、カルノーの師団にさらに改良を加えます。まず騎兵師団を新たに設置し、歩兵と騎兵を切り離します。歩兵師団は2～3個歩兵旅団（各2個連隊）と1個砲兵隊（2個中隊）に、若干の斥候騎兵（エクレルゥール）で構成され、4個連隊が基本単位となります。一方、騎兵師団は2～4個の騎兵連隊に砲兵が加わり、これにより戦場での柔軟な運用を可能とします。

　歩兵師団は4000～6000、騎兵師団は300～600の兵力を擁する規模であり、これらの師団を指揮する師団長（Général de division：当時のフランス軍では「中将」）にナポレオンは大幅な自由度を認めており、2～3個師団からなる単位を「軍団」と呼びます（元帥が指揮）。師団システムの導入により、フランスの軍団は個別に行動しながら相互支援を前提とする協調体制を整え、さらに師団長（中将）の裁量によって柔軟な運用が可能となり、当時の軍隊としては他国をはるかに凌駕する効率的な運用を可能としました。

　アウステルリッツで勝敗を分けたのも、まさにこの師団を核とした戦場での運用にあったと言えます。

経過

　アウステルリッツの戦場では、ナポレオンは連合軍に対して戦略・戦術ともに後れを取っていたにもかかわらず、結果はナポレオンの大戦果のうちに終わります。一見すると不利に思われた状況を、ナポレオンは柔軟な軍の運用と高い指導力でこれを覆していきます。オーストリア軍はロシア軍との合流を待ってフランス軍と対峙する腹積もりであり、ナポレオンにとって懸案

となったのはさらにプロイセン軍がこの戦闘に合流することでした。ナポレオンはプロイセン軍の合流前に、オーストリア・ロシア連合軍を撃破することを決意します。

ウルムでのオーストリア本隊の敗北により、イタリアに駐留するカール大公率いるオーストリア軍別働隊が合流しようと北上しますが、これはフランスのイタリア駐留軍に阻まれます。しかし、ナポレオンはこのとき多方面に敵を抱えることになります。

ウルムで敗北したオーストリア軍は、北東のモラヴィアに後退しミハイル・クトゥーゾフ将軍率いるロシア軍と合流します。また、カール大公率いるイタリア駐留軍も、迂回を続けながら南東のハンガリーに控えます。さらに北西の中央ドイツにはプロイセン軍がいます。ナポレオンはこれらの敵をすべて相手にすることはできませんが、さりとてゆっくりと時間をかけるわけにもいきません。なかでも、モラヴィアのオーストリア・ロシア連合軍に、プロイセン軍が合流することだけは避けたいところです。

ナポレオンはここで「決断」をします。モラヴィアの連合軍を追跡し、これを迅速に撃破することにしたのです。このときに顕著だったのが、ロシア軍の奮闘でした。クトゥーゾフは9月にアムシュテッテンでフランス軍前衛に大打撃を与え、ピョートル・バグラチオン将軍も数で劣るにもかかわらずモラヴィアでフランス軍を食い止めます。しかし、クトゥーゾフはアウステルリッツでのナポレオンとの交戦に慎重であったのに対し、バグラチオンは数での優位を根拠に交戦を主張し、これは当時戦地に赴いていたロシア皇帝アレクサンドル1世も同意見でした。結局、連合軍はプロイセン軍を待たずしてナポレオンとの戦闘に突入します。

連合軍はナポレオン軍の布陣に「致命的」な欠陥を見出しました。ナポレオン軍の前面を流れるゴルトバハ川に沿った側面攻撃に脆弱であると判断します。この判断自体は決して誤りではなかったのですが、ナポレオンはダ

第IV章 近代の戦場

1. 戦争の「近代化」——軍組織にもたらされた革新

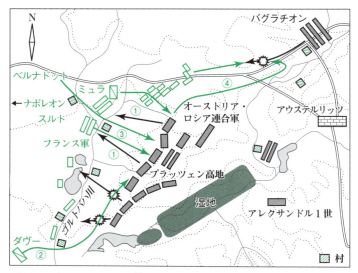

図39　アウステルリッツの戦い

ヴー元帥に命じ1万の援軍を率いて参戦させます。ダヴー軍は1日で65kmを踏破し、ここでも連合軍はフランス軍の行軍速度に出し抜かれます。

フランス軍は兵力の薄い右翼でどのように連合軍を迎え撃つか？

援軍の到着を加味して、連合軍への罠とした。

また、戦闘直前にアウステルリッツの一帯に霧が立ち込め、これが数時間にわたって戦場を覆います。この霧により、決して大きいと言えないまでも、連合軍に混乱が生じます。アウステルリッツでの連合軍には、統一した指揮系統が存在せず、戦場に赴いたオーストリア皇帝フランツ1世にしろ、ロシア皇帝アレクサンドル1世にしろ、どちらかが戦場での主導権を握っている

わけではなかったのです。

　連合軍は霧が晴れるのを待って、中央のプラッツェン高地から攻撃を開始します（①）（図39）。しかし、その進軍は比較的緩慢であり、フランス軍はこれに耐え、かつ戦闘開始まもなくダヴー率いる援軍が到着し、数で勝るロシア軍を撃退します（②）。戦闘開始から2時間ほどで、連合軍はロシア近衛兵団とオーストリア・ロシアの2個師団のみが戦場に留まり、ナポレオンは中央を率いるスルト元帥とベルナドット元帥に命じ、プラッツェン高地に向け攻撃に移ります（③）。

　プラッツェン高地をめぐる戦闘は熾烈極まりないものでしたが、スルト師団はこれをついに突破し、ナポレオンは皇帝近衛隊も投入して戦場の確保に移ります。午後に入ると、連合軍はプラッツェン高地を境に南北に分断され、アレクサンドル1世率いる北の中央軍は撤退を開始し、バグラチオン率いる南の軍団もミュラ元帥率いる騎兵師団の背面攻撃を受け崩壊します（④）。

　こうして、アウステルリッツの戦いはナポレオンの勝利に終わりました。この戦闘で、フランス軍の損失は戦死1288、負傷6991であったのに対し、連合軍は戦死・負傷者合わせて1万6000、2万が捕縛されるという、ナポレオンにとってまさに完勝と呼ぶにふさわしい劇的なものでした。

影響

　アウステルリッツの戦い、またの名を「三帝会戦」の勝利により、第三回対仏大同盟は脆くも崩れ去ります。また、ドイツ領邦はナポレオンが主導するライン同盟に再編され、従来の神聖ローマ帝国という政治体は解体されることになります。

　この後、ナポレオンはさらにプロイセンとロシアの追撃を進め、翌1806年のイエナ・アウエルシュテットの戦いで両国に大勝を果たし、ナポレオンはヨーロッパに覇権を打ち立てます。ナポレオンは占領各地で本国フランスに倣った改革を断行し、またプロイセンなどでも政治・軍制改革が進行します。

1．戦争の「近代化」——軍組織にもたらされた革新

各国でも師団システムや徴兵制が採用され、フランスに準じる軍に変貌を遂げていったのです。

　しかし、ここで見逃せないのが、ナポレオンの戦役における「縁の下の力持ち」の存在です。それが、当時ナポレオンの帝国元帥 Maréchal d'Empire であった、ルイ-アレクサンドル・ベルティエ（1753〜1815）です。ベルティエは軍団指揮官としては平凡なものでしたが、ナポレオンの命令をよく理解し、これを戦場で実現する能力に長けていました。

　ベルティエが率いた組織は、次節で紹介する参謀本部の先駆であり、彼なくしては各師団との作戦連携はあり得なかったのです。事実、ベルティエはロシア遠征を機にナポレオンと袂を分かちますが（1813）、直後のワーテルローの戦いでのフランス軍の失策は、その半数がベルティエを欠いたことに帰せられると言われるほどです。ベルティエの組織は半私的なものであり、ナポレオン戦争を通じて恒常化されなかったことが致命的であったと言えるでしょう。

　それにも増して、フランスのもたらした最大の要素は、ナショナリズムと国民意識です。フランス式の改革の進行により、各地ではナポレオン軍の強さの秘訣が、ナショナリズムと国民意識にあることに徐々に気付いたのです。ナショナリズムに目覚めた各国の「国民」は、次第にナポレオンによる支配に不満を抱き、ついに1812年のロシア遠征でナポレオンが敗北すると、ナポレオンのヨーロッパ覇権に終止符を打つことになります。

　ナポレオン戦争は、史上最初の国民戦争でもありました。国民意識に目覚めた諸国の国民軍が激突したことで、当時としては未曽有の被害を、勝者・敗者を問わずに被ることとなったのです。ナポレオン戦争を経験したプロイセンの軍人クラウゼヴィッツ（1780〜1831）は、このように勝利だけを追い求める戦争を「絶対的な戦争」と呼びましたが、これは後世の総力戦の先駆けと言えるでしょう。国民戦争は、その姿形を変えながらも、今日もなおその強い影響を各地の戦場に及ぼし続けているのです。

2. 戦争の次なる「近代化」
焦土戦と参謀本部

総力戦の萌芽

　さて、前章では産業革命（工業化）の進展のためには、保護貿易政策を採る必要があると述べました。しかし、そのためには国内の保護貿易と自由貿易の世論を統合する必要があります。一般に、保護貿易は工業化を志向する産業資本家らが主張し、自由貿易は農産物の積極的な輸出を志向する大農家・地主が主張する傾向にあります（イギリスは例外的に、資本家が自由貿易を、農家が保護貿易を主張しました）。この対立が政争を超えて本格的な内戦に突入したのが、アメリカ合衆国を二分した南北戦争です（1861〜65）。

　南北戦争の原因は保護貿易と自由貿易の世論対立をはじめ、奴隷制の是非、中央集権と州権主義の角逐など様々な要因が絡みあって生じた内戦ですが、軍事的には旧来の戦争と新しい戦争が綯い交ぜとなった戦争と言えます。木製の軍艦に代わり、史上初の甲鉄艦が登場した一方、陸上ではナポレオン戦争時代と変わらず戦列歩兵同士による銃撃戦が展開されるといった様相が各地で見られました。

　しかし、より注目すべきは、この戦争は南部・北部を問わず大規模動員が発せられ、また敵の戦意を挫くために焦土戦が繰り広げられるなど、のちの世界大戦に代表される総力戦の先駆的な戦争となったことに尽きます。

　産業革命の進展は戦争の近代化をより進めることとなり、その好例がドイツ統一でした（1864〜71）。政治的な分裂を続けていたドイツは、19世紀に国民国家の建設、すなわち統一を求める声が高まりましたが、これを最終的に成し遂げたのも軍事力でした。ドイツ諸邦のなかでいち早く工業化が進んだプロイセン王国は、同時に軍も近代化させ、最終的にドイツ統一を果たす

原動力とします。プロイセンの特筆すべき点は、機械化のみならず組織の近代化にも着手したことにあり、これを象徴するのが参謀本部です。

　南北戦争とドイツ統一という、ほぼ入れ替わるように立て続けに生じた戦争を経て、人類は戦争の新たな局面に入るのです。

ナッシュヴィル
南北戦争の転換点と焦土戦

1864

背景

　1861年、アメリカ合衆国での長きにわたる国内対立が、ついに全面的な内戦の勃発を迎えました。南北戦争です。現在も合衆国ではthe Civil War、「かの内戦」と称されるように、アメリカ人にとって史上類を見ない戦争だったのです。

　独立以前より、合衆国では南北対立が徐々に顕在化していきます。そもそも南部と北部は、もはや別々の国家といってよいほどに特徴に相違があり、北部での工業化と、国家事業としての西漸運動（西部開拓）の進行にともない、両者の対立は日増しに激しくなっていったのです。

　とりわけ焦点となったのが新設の州の帰属であり、1854年にカンザス・ネブラスカ法が制定されると、これに反発した北部は共和党を結成します。1861年、ついに共和党より初の大統領が就任し、それがエイブラハム・リンカンでした（任1861〜65）。しかし、熱烈な奴隷制廃止論者であるリンカンの大統領選出は、南部諸州の強い反発を受けます。南部はリンカンの大統領就任と同年の1861年2月に、6州が合衆国から離脱して「アメリカ連合国 Confederation States of America」を結成、まもなくテキサスもこれに加わり、連合国は合衆国からの独立を宣言し、ここに南北戦争が開戦します。

　連合国には最終的に11州が参加し、国力・兵力で圧倒する合衆国（北軍）

は短期間での戦争終結を目指しましたが、開戦から3ヵ月目に北軍が敢行したヴァージニア侵攻が失敗したことで、長期戦は避けられないものとなります。連合国（南軍）は優秀な指揮官を多く擁し、また郷土が戦場となったことで防衛意識が強く、緒戦では優勢を維持します。翌62年の北軍の攻勢もまた、いずれも南軍に阻止されました。一方で南軍は北部への侵攻を試みますが、アンティータムの戦いで北軍に敗北したことで、戦線は実質的に膠着します。

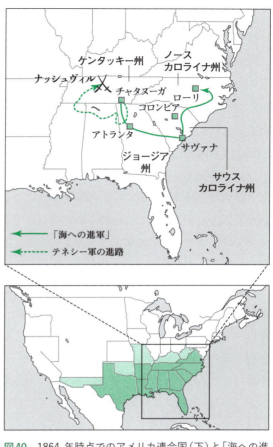

図40　1864年時点でのアメリカ連合国（下）と「海への進軍」（上）
※ ■ 連合国構成州　■ 連合国が支配を主張した州（下図）

　南軍の優位に押される中で、北軍に活路を見出したのは、他でもない大統領リンカンその人でした。南軍が1ヵ所に兵力を集中して攻勢をかけるのに対し、リンカンは北軍が物量で勝っていることから、同時に複数地点での兵力の投入を主張したのです。これは、当時の北軍の常道から完全に逸れたものではありましたが、一方でクラウゼヴィッツの思想に基づく戦略だったと見なすこともできます。クラウゼヴィッツの英訳が出版される10年ほど前

であったにもかかわらず、リンカンは彼の思想を直感的に理解し、かつ実践に移そうとしたのです。

　敗戦の連続であっても、リンカンは南軍との戦闘を止めるよう指示することはありませんでした。北軍が物量で勝っている以上、戦い続けることで南軍は消耗するであろうことを予見していたからです。また、局地的な戦闘でいかに大敗を喫しようと、戦争そのものに勝利しないことには何ら意味がないということを、彼は熟知していました。

　加えてリンカンは海上での優位を背景に、メキシコ湾から大西洋に至る南部一帯の海上封鎖を築き上げ、奴隷解放宣言を発することで戦争の道義的な意義を内外にアピールし、1833年に奴隷制を廃止したイギリスの支持を得ます。イギリスはアメリカ南部で生産される綿花の最大の輸出相手国であり、これによりイギリスが南部と同盟する可能性は消滅します。

　奴隷解放にはまた別の目的もありました。リンカンは当初、北軍の将軍が捕虜とした奴隷の解放を禁じていましたが、次第にこうした捕虜を戦場で活用した方が合理的であると気付きます。実際、捕虜となった奴隷の中には、自ら北軍の兵に志願する者も少なくありませんでした。一方で、南軍は奴隷の反乱を恐れ、戦場で雑務を与えることはあっても、武器を渡すことは滅多にありませんでした。捕虜となった奴隷を軍に採用することで、北軍はより一層南軍を数で圧倒できるようになるのです。

　さらにリンカンが賢明なことには、この奴隷解放宣言を出したタイミングです。アンティータムでようやく「勝利」と呼んでも差し支えない戦果（実際はほぼ引き分けでしたが）を北軍が挙げたことで、内外に示す絶好の機会を得たのです。かつ、ここでリンカンが解放に言及したのは「南部（より厳密に言えば北部＝連邦政府と交戦している州）」の奴隷に限定されていることです。リンカンは、前線での需要に応える形で、奴隷解放を高らかに宣言したのです。

　こうして、戦況は徐々に北軍優位に傾き始めます。1863年のゲティスバー

グでの激戦を北軍が制し、ここから本格的な反撃が始まります。翌1864年、リンカンはユリシーズ・S・グラント将軍を総司令官に抜擢し、北軍の攻勢がより一層進みますが、これは南部（連合国）への進撃を意味します。すなわち、敵地の奥深くへと軍を進めることになるのです。したがって、劣勢になったとはいえ南部の根強い抵抗は容易に予想されます。

　北軍がヴァージニア州で展開したオーヴァーランド方面作戦は、多大な犠牲を北軍に強いましたが、グラントはリンカンの意志を汲み取り、進撃を止めません。かつ、リンカンは南軍の戦意を挫くために南部のプランテーションや鉄道、橋梁といったインフラの破壊も承認し、戦略的に「殲滅」と「攪乱」を狙ったのです。これを受け、アトランタ方面作戦を任された北軍の将軍が、ウィリアム・テカムセ・シャーマン（1820〜91）です。シャーマンはアトランタを陥落させると、さらに「海への進軍」と呼ばれる、ジョージア州の焦土作戦を敢行します。

　しかしこのとき、ジョン・ベル・フッド将軍率いるテネシー軍（南軍で2番目の規模の軍団）3万5000が控えており、シャーマンの背後を脅かすには十分なものでした。そこで、グラント将軍の指示で、シャーマンは配下のジョージ・ヘンリ・トーマス将軍に5万5000の兵を預け、フッドのテネシー軍への追撃に向かわせます。トーマスはテネシー州のナッシュヴィルに防御陣を構え、州の各地に散らばった北部の軍団をこの地に集結させ、ここでフッドのテネシー軍に対して決戦を挑もうとします。1864年12月15日、ここにナッシュヴィルの2日間にわたる戦いが始まるのです。

戦力と経過

　トーマス率いる北軍（合衆国軍）は、総勢6万6000の兵力で、カンバーランド川を背後に広がるナッシュヴィルの市街地を取り囲むように防御陣を構築します。防衛線は二重に敷かれ、このうち市街地の南南東に面する一帯は防衛線が1本である代わりにネグリ要塞（当時の米国内で最大規模の要塞）によって防護を補完します。また、要所ごとに堡塁を構えることで、防護シ

図41 ナッシュヴィルの戦い 1日目

ステムをより強固なものとします。

　フッド率いるテネシー軍(南軍/連合国軍)は、2万2000の軍でナッシュヴィルを包囲しようとします。フッドはその動きを北軍につかまれていなかったこともあり、テネシー州の各地に出没しては北部軍団の集結を妨害しようとしましたが、この試みは第二次フランクリンの戦いで失敗しました。フッドは集結を終えた北部の軍に対峙せねばならなくなります。

　フッドは12月2日にナッシュヴィル郊外に到着し、東西4マイル(約6.4km)の陣を敷きますが、これは北軍がナッシュヴィルに構えた外側の防御陣(7マイル、約11.3km)と比較すると、包囲線としてはかなり短いと言わざるを得ません。さらにフッドはアトランタ陥落後にフォレスト率いる騎兵隊をシャーマンの補給線に向かわせたため、ナッシュヴィル包囲に彼の騎兵師団が間に合わなくなったのです。

　12月15日午前8時、戦端は北軍の左翼を預かるスティードマン少将の攻撃により開かれます(①)(図41)。しかし、この攻撃は陽動(フェイント)

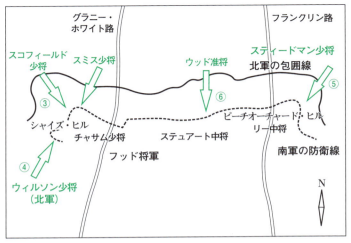

図42　ナッシュヴィルの戦い2日目

であり、フッドは自軍の左翼の一部を救援に向かわせ、これにより兵力の分散が生じます。北軍の4連隊の圧迫を受け、南軍の右翼は後退します。しかし、フッドも冷静さを失いません。陽動を利用して迫りくる北軍の中央軍の動きを正確に察知したのです。とはいえ、北軍は手薄になった南軍の左翼にすかさず攻撃を加え（②）、12時30分には南軍の前線基地が置かれたモンゴメリ・ヒルを占領します。

　南軍が左翼に設置した堡塁は次々と占領され、午後4時には南軍の左翼は3方向より激しい攻撃を受け、辺りが暗くなった午後6時には、南軍は防衛線から後退し新しい前線を築きます。翌12月16日は、南部が防衛線を築いた東のピーチオーチャード・ヒルと西のシャイズ・ヒルが争点となります（図42）。

　午前8時30分に、シャイズ・ヒルより600ヤード（約548m）の地点でスコフィールド率いる北軍の第23軍団は砲撃を開始します（③）。これはフッドの本隊より反撃を受け救援を要請しますが、一方で南側より第23軍団の騎兵隊（ウィルソン少将）が迂回してフッドの退路を遮り、包囲攻撃に移ります

（④）。東のピーチオーチャード・ヒルでも激戦が展開され（⑤）、ここでは北軍のアフリカ系部隊（USCT, United States Colored Troops）を中心に突撃を仕掛けますが、南軍によって狙い撃ちにされ、北軍は1000もの損害を被ります。

　午前中の戦闘は激戦の末に膠着状態に陥ります。南軍が新たに築いた防衛線は堅固であり、北軍は数で優位にあるとはいえ、兵力の消耗は避けられない状態にありました。

決戦の選択14 南軍が新たに築いた堅固な防御陣をどのように攻略するか？

　午後2時、戦局が膠着するなか、ここで北軍の第16軍団（ウッド准将）はシャイズ・ヒルの占領を目指し進軍を決断します（⑥）。南軍は丘の頂上に壕を深く掘りすぎており、砲撃や狙撃をするにも正確に狙いづらいと判断したためです。独断ではあったものの、この見通しは図にあたり、午後4時に第16軍団はシャイズ・ヒルの麓に接近します。

　フッドはシャイズ・ヒルに救援を送ったものの、数で圧倒する北軍になすすべはなく、ついに北軍はシャイズ・ヒルを確保します。これにより勝敗はほぼ決しました。フッドをはじめ南軍は撤退を開始し、ナッシュヴィルの戦いは北軍の大勝に終わったのです。

第16軍団（ウッド）の決断 中央の壕が深いことを察知し、敵陣の中央突破を図った。

結果と影響

　ナッシュヴィルの戦いにより、4万近くを数えた南部のテネシー軍は、その兵力を1万5000にまで減らされ、実質的に軍団は崩壊します（とはいえ、

フォレスト率いる南部騎兵隊はまだ健在でした)。これを受け、シャーマン将軍は「海への進軍」を安全に遂行します。「海への進軍」により、ジョージア州とサウスカロライナ州は工場やプランテーションなどの農園、橋梁や鉄道といったインフラを徹底的に破壊され、戦争遂行能力を大きく削がれることになります。

なかでもサウスカロライナ州は連合国の盟主的地位にあったため、連邦政府(合衆国=北部)による焦土戦は懲罰の意味も込めてより徹底したものになりました。テネシー軍の解体と「海への進軍」により、南北戦争の終結はほぼ現実のものとなったのです。

シャーマン将軍の画期的だった点は、敵軍の戦争遂行能力を削ぐことで、戦争の早期終結を目指す焦土戦を展開したことにあります。従来の焦土戦と言えば、ナポレオン1世の1812年ロシア遠征に見られるように、自国の人的・物的資源を敵に渡さないというものでしたが、これを敵地で大規模かつ効率的に展開した点は、ほぼ前例がないと言ってもいいでしょう。

しかし、シャーマンの「海への進軍」遂行には、トーマス将軍によるテネシー軍の阻止が必要でした。その意味では、南北戦争の終結を決定づけたのは、有名な激戦のゲティスバーグの戦いではなく、このナッシュヴィルの戦いであったと言えるでしょう。

普墺戦争——参謀本部と鉄道がもたらしたドイツ統一

さて、戦争の近代化のもう一つは、「組織の近代化」です。すでにアウステルリッツの戦い(p.121〜128)で、大隊に加え師団という組織が成立し、軍隊の組織改革が大きく進み始めます。そして、その師団を活用し、ヨーロッパに覇権を打ち立てたのがナポレオン・ボナパルトですが、このナポレオン戦争によってヨーロッパ諸国でも軍制改革がより一層、促されることになったのです。

その好例が、プロイセン王国でした。18世紀のフリードリヒ大王(位1740

〜86）以来、軍事強国として知られたプロイセンでしたが、ナポレオンの侵攻を前になすすべもなく敗れ去ります。敗戦後のプロイセンでは、フランスに対抗するべく抜本的な国政改革が断行されます。これが、「プロイセン改革」です。

シュタインとハルデンベルクという相次ぐ2人の宰相の手により進められたこの一連の改革で、プロイセンでは農奴解放、ギルドによる市場独占の抑制、ヴィルヘルム・フォン・フンボルト（弟は自然科学分野で有名なアレクサンダー・フォン・フンボルト）による教育改革およびベルリン大学（現フンボルト大学）の創設などが実行に移されました。

それとともに、軍制改革もまた懸案事項として進められます。軍事改革の中心となったのはグナイゼナウとシャルンホルストという2人の軍人であり、フランスに倣った徴兵制の施行、民間士官学校の創設（のちプロイセン陸軍大学校）などが実施されます。そして、この軍制改革で最大の焦点と言えば、世界史上初となる参謀本部の設置です。ナポレオン戦争末期（「解放戦争」）には、プロイセン軍はブリュッヒャー将軍を総司令官、シャルンホルストを参謀総長、グナイゼナウを参謀次長としてフランスの覇権に挑み、ついにはナポレオンをエルバ島への配流に追い込んだのです。

では、このプロイセンが設置した参謀本部とはいかなるものか、その実態に迫ることにしましょう。「参謀本部」というと、作戦本部のようにイメージされることが多いかもしれませんが、本来は軍備、動員、出動、兵站、教育・訓練といった、広範にわたる計画の立案・実施がその役割です。大まかに言えば、「指揮官を総合的に補佐する機関」が参謀本部の位置づけです。

アウステルリッツの戦いの項で述べたように（p.121〜128）、指揮官の役割は非常に広範かつ煩雑なものです。先の項では各大隊の指揮にその役割をとどめましたが、実際は動員や兵站（物資の供給や進軍、衛生など作戦遂行上で必要となる前提条件）、兵士の教育など、作戦行動に際して必要なあらゆる決断を、指揮官は下さねばなりませんでした。当然ながら、指揮官はこ

れらすべての分野に必ずしも精通しているとは限りません。

　そこで、指揮官の決断の際に、これを補佐するのが参謀本部です。基本的に参謀本部に決定権はなく、合議のうえで指揮官に助言を与えます。この参謀本部の「助言」をもとに、指揮官は最終的な決定を下すのです。参謀本部の役割は、軍事で言えば戦闘という「表舞台」の準備を整えることにあり、その役割は「裏方」と言えます。こうした「裏方」にあたる組織は「スタッフ」と総称されます。企業や映像作品などに携わる「スタッフ」という言葉も、ここに由来します。

　参謀本部の存在は、指揮官の意思決定とその伝達を大幅に早めることになります。しかし、史上最初にこの参謀本部を設置したプロイセン王国といえども、その役割は決して大きいものではなかったのです。ナポレオン戦争の終結とともに、参謀本部は衰退の一途をたどりましたが、これにテコ入れしたのが、1862年に首相に就任したオットー・フォン・ビスマルクでした（任～90）。「鉄血宰相」と渾名されたビスマルクは、当時の国王ヴィルヘルム1世の意図を汲んだ軍備拡張を進め、その過程で参謀本部にも注目することになります。

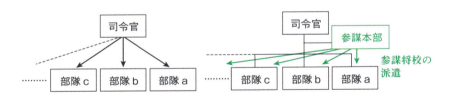

図43　従来の命令系統（左）とモルトケによる参謀本部の統括（右）

　当時のプロイセンは、陸軍大臣アルブレヒト・フォン・ローン（任1859～73）が軍の改革を進め、参謀総長ヘルムート・フォン・モルトケ（大モルトケ、任1857～88）が作戦指揮を事実上主導し、そしてビスマルクが外交を通じて他国の干渉を防いだことで、プロイセンによるドイツ統一が一挙に進む

ことになります。そのドイツ統一においてプロセンの最大のライヴァルであったのが、南の大国オーストリアでした。1866年の普墺戦争（プロイセン・オーストリア戦争）は、ドイツ統一をめぐる両者の角逐に決着をつけたものだったのです。

ケーニヒグレーツ
意思決定と分進合撃の勝利

1866

背景

　ナポレオン戦争の終結により、ヨーロッパ諸国は国際体制の再編に迫られ、「ウィーン体制」と呼ばれる国際秩序が成立します（1815）。ナポレオンの侵攻により、領土削減や国家の消滅が相次いだことで、ヨーロッパは国境線が一変します。ウィーン体制では正統主義、すなわちナポレオン戦争やフランス革命以前の状態への回帰が主眼とされ、これによりドイツ地域も再編がなされます。

　中世盛期以来、ドイツは「領邦」と呼ばれる事実上の自立を果たした諸侯領の集合体であり、領邦には三十年戦争の結果、ヴェストファーレン（ウェストファリア）条約により正式に主権が与えられます。これにより、中世からドイツ領邦を取りまとめていた神聖ローマ帝国は、一元的な国家というよりも政治連合（国家連合）としての性格が強いものとなります。

　その神聖ローマ帝国は、ナポレオンの侵攻を受け1806年に解体します。戦後のウィーン体制下では、正統主義の原則に基づいて、旧来の神聖ローマ帝国に代わるドイツ連合（ドイツ連邦）という国家連合体が発足します。これは35の君主国と4自由市が加盟し、かつて歴代の神聖ローマ皇帝を輩出したオーストリア帝国が議長国を務めるものでした。

しかし、ナショナリズムの高揚にともない、ドイツでは国民国家、すなわち統一を求める運動が高まります。その運動が最高潮に達したのが、1848年のフランクフルト国民議会の開催でした（〜49）。国民議会による統一の試みは失敗に終わりますが、この議会ではドイツ統一をめぐってオーストリア中心の統一（大ドイツ主義）とプロイセン中心の統一（小ドイツ主義）の対立が生じました。これ以来、オーストリアとプロセンは、ドイツ統一をめぐるライヴァルとして潜在的な対立を続けることになります。

こうした背景を受け、軍備拡張によるドイツ統一を主導したのがビスマルクでした。ビスマルクはプロイセンの軍備を充実させると、手始めにデンマークへオーストリアと共同出兵を仕掛けます（第二次シュレスヴィヒ・ホルシュタイン戦争／デンマーク戦争、1864）。ビスマルクは、この戦争にオーストリアを参戦させることで、その軍事能力を分析しようと目論んだのです。デンマークへの共同出兵でプロイセンの勝算を見出したビスマルクは、いよいよオーストリアとの戦端を開きます。これが、普墺戦争です（1866）。

普墺戦争の戦場は、西部におけるオーストリアの同盟邦との戦闘と、東部におけるオーストリア本国への侵攻の2つの戦線に大別できます。プロイセン軍参謀総長のモルトケは、オーストリアの首都ウィーンへ向けて進撃し、ここでオーストリアに大勝を収めることで、戦争の早期終結を狙います。まさに、「殲滅と攪乱」を目指したのです。その決戦の舞台となったのが、オーストリアの王冠領ベーメン（現チェコ西部）のケーニヒグレーツ市とサドヴァ村の中間地点でした。

戦力と経過

プロイセンはベーメン方面に向けて3方面から軍を派遣し、その規模はそれぞれ4万6000（エルベ軍）、9万3000（第1軍）、11万5000（第2軍）です。4万6000のエルベ軍は、プロイセン南方の隣国ザクセン（オーストリアと同盟）に進軍し、首都ドレスデンを占領。プロイセン軍は前哨戦を戦いながら相次

いで合流します。ケーニヒグレーツの戦場では、先にエルベ軍と第1軍からなる14万弱が集結します。

一方のオーストリア軍は、21万5000の本隊にザクセン王国の援軍2万5000が加勢し、総勢24万前後が参戦します。このときプロイセン軍では、国王ヴィルヘルム1世、首相ビスマルク、参謀総長モルトケもそろって戦地に駆け付けます。開戦時点での兵力はオーストリア連合軍が上回っており、オーストリア軍は1866年7月3日の午前8時にプロイセン軍に向け砲撃を開始し、プロイセン軍は第2軍の到着を見越して防戦に徹します。

当時のプロイセン軍には画期的な兵器がありました。ドライゼ銃です。従来の銃は火縄銃以来の「前装式（先込め式）」と呼ばれる装塡方式で、これは銃口から火薬と弾丸を詰め、これを槊杖（さくじょう／かるか、「込め矢」とも）で銃身の奥に押し込んで突き固め、撃鉄を起こして発射するというものです。18世紀後期より、銃身の内側に線条（ライフリング）加工を施した「ライフル」が登場すると、銃弾の命中精度が劇的に向上した一方で、銃口からの銃弾の装塡が、ライフリングのせいで困難になるという欠点が生じました。

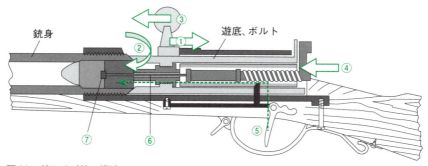

図44　ドライゼ銃の構造

そこで、後装式という、銃身と銃床（ストック）を分割し銃身の後方から弾丸を装塡するという発射方式が考案されましたが、当初は閉塞性が不十分

だったため、ガス漏れにより銃弾の飛距離と威力が損なわれやすいものでした。これに劇的な改良を加えたのが、ニコラウス・フォン・ドライゼ（1787〜1867）という技師です。

フォン・ドライゼのアイデアによる発射機構とは（図44）、まずレバーを後ろに引くと遊底（ボルト）が後ろに引き出され、

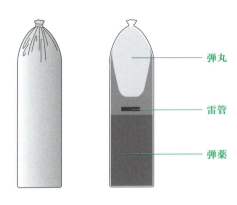

図45　ドライゼ銃の紙製薬莢

銃弾を装填する隙間が開きます（①）。この隙間に銃弾を装填し（②）、続いてレバーを前に押すと銃弾が銃身の底に固定されます（③）。このとき、射手からみてレバーを右手に回すことで、ボルトも発射位置に固定されます。

さらに後ろから、撃針（ニードル）機構 Zündnadel を前に押し込み、弾丸が装填された薬室が密閉されます（④）。最後に引き金を引くと（⑤）、これと連動した撃針本体（ニードル、⑥）が薬莢を貫いて雷管（発火装置、⑦）を突き、これにより弾薬に点火して弾丸が発射されるのです。発射が終わると、レバーを引いてボルトをスライドさせ、また新しい弾丸を装填します。

フォン・ドライゼの画期的なアイデアのもう一つのポイントは、紙製の薬莢（カートリッジ）の採用にあります。薬莢とは、1発分の弾薬と弾丸を予め取り分けたケースのことで、すでに先込め式のマスケット銃などに利用されていました。しかし、当初は薬莢を歯で噛み切り、中身を銃口から装填するという使用法でした（このため初期の薬莢は薬包とも呼ばれます）。

ドライゼ銃では、弾丸と弾薬を紙製の薬莢で包み、薬莢を破らずそのまま装填し発射を可能としたのです。しかも、この紙製薬莢には弾丸と弾薬の間に雷管（発火装置）が仕込まれているので、弾薬への点火は燃焼効率が良かったのです。つまりこの雷管への点火のために、長い撃針（ニードル）が必要とされたのです。

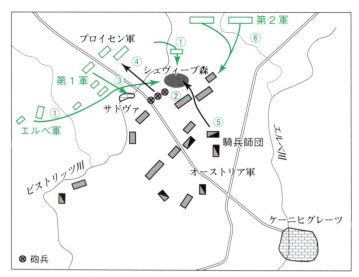

図46 ケーニヒグレーツの戦い

　ドライゼ銃は後装式ライフルの実用化に成功した世界初の例であり、その特徴的な撃針から「ニードル銃」とも称されました。ドライゼ銃は圧倒的な発射速度を誇り、当時のオーストリアが採用したローレンツ式前装銃は、射程こそ長いものの、再装填には時間を要し、この間にドライゼ銃は5発もの弾丸を発射させることが可能でした。プロイセン軍は発射速度に勝るドライゼ銃、さらに意思決定の伝達が迅速な参謀本部のシステムを擁し、オーストリア軍に対峙します。

　では、戦闘の経過です（**図46**）。オーストリア軍の本隊21万5000の攻撃を受けたプロイセンのエルベ軍と第1軍のうち、後方を預かる第7師団は、北方よりビストリッツ川を渡り対岸のシュヴィープヴァルト（シュヴィープ森）に進撃し攻勢を仕掛けます（①）。ここでオーストリア軍2個軍団と戦闘となり（②）、ヴィルヘルム1世は第1軍に渡河および第7師団の支援を命じます。これによりプロイセン軍は、サドヴァ村を占領します（③）。
　一方で、オーストリア砲兵隊はプロイセン軍の第8および第4師団を砲撃で

分断し、彼らの渡河を阻んでいました（④）。後世の分析では、ここでオーストリアが騎兵師団を投入したならば、勝利をものにできたといいますが、オーストリア軍の司令官ベネデック元帥は攻撃を命じませんでした。前哨戦でプロイセン軍に連敗を喫していたことと、砲撃の硝煙で戦場の見通しが悪くなっていたことが、ベネデックの慎重論の要因と考えられます。

　戦闘開始より3時間が経過してもなお、プロイセンの第2軍が到着しません。電報の交錯と鉄道での兵員輸送に手間取っていたためです。ここで、オーストリアはシュヴィープヴァルトのプロイセン第7師団に騎兵師団の突撃を命じますが（⑤）、森林に阻まれて突撃は弱まり、発射速度に勝るプロイセン兵のドライゼ銃の前に次々と斃れます。

　午前11時に、オーストリアはシュヴィープヴァルトのプロイセン軍にさらなる攻勢をかけます。この攻撃で、プロイセン第7師団は一時森の外へと後退しましたが、第8師団の支援を受けてオーストリア軍を押し返します。このように、オーストリア・プロイセン両軍とも歩騎双方による攻撃が繰り返されましたが、一進一退の状況が続きました。

　状況打開のため、プロイセン王ヴィルヘルム1世は総攻撃を命じようとしますが、参謀総長モルトケはあくまで冷静です。ビスマルクも焦り始めるなか、モルトケは第2軍の到着を信じて事態の静観に努めます。

決戦の選択15　状況の打開ができないシュヴィープヴァルトに総攻撃をかけるか否か？

モルトケの決断　自軍の兵力・兵装の優位を確信し、援軍の到着を待った。

　モルトケは、「戦場の霧」がある以上、余計な指令を飛ばすのではなく、

第Ⅳ章　近代の戦場

2. 戦争の次なる「近代化」——焦土戦と参謀本部

あくまで当初の作戦遂行に集中します。これは近世以来、欧米の名将たちが常道とした振る舞いです。刻一刻と状況が変化する戦場では、途中で命令を変えることは事実上不可能であり（これは通信手段が格段に向上した現代においても言えます）、ひいては作戦行動の完遂が戦場での勝敗を分けます。モルトケはまだ勝機が十分あると判断を下したうえで、冷静さを失わなかったのです。

　午後2時30分になり、ようやくプロイセン軍主力の第2軍が到着し、10万の兵力が戦場に投入されます（⑥）。これにより戦況は一挙にプロイセン優位に傾き、午後4時にオーストリア2個軍団による反撃も打ち破られたことで、ベネデックは撤退を命じます。

　ケーニヒグレーツの戦いは、プロイセン軍が戦死1935、負傷6959であったのに対し、オーストリア軍は戦死5793、負傷8514と被害で大きく上回り、プロイセン軍の圧勝に終わります。

影響

　ケーニヒグレーツの戦いにより、普墺戦争は収束に向けて大きく動きます。プロイセン軍がオーストリアの首都ウィーンより60kmのニコルスブルクまで進軍すると、オーストリアは降伏を決意します。ケーニヒグレーツの戦いの翌月、8月23日に両国でプラハ条約が取り交わされ、普墺戦争はプロイセンの勝利に終わりました。

　普墺戦争での勝利により、プロイセンはオーストリアを排除してドイツ連合を解体させ、代わりに北ドイツ連合を発足させることで、北ドイツ一帯の政治統合を進めます。さらに、1870年にフランスとの間に普仏戦争を開戦し、ドイツ諸邦のナショナリズムに訴えたことでドイツ統一を達成します。

　1871年、プロイセン軍占領下のフランスのヴェルサイユ宮殿で、ドイツ帝国の建国式典が敢行され、これによりドイツの統一が高らかに宣言されます。さらに、普仏戦争でのプロイセン（ドイツ）は圧勝を収め、軍事大国として

の統一ドイツの存在を国際社会に知らしめることとなりました。

　普墺戦争の開戦直後、ヨーロッパ諸国の見立てでは両国の戦力はほぼ互角という見解が支配的でしたが、参謀本部やドライゼ銃の利点を大きく利用したプロイセン軍の圧勝に終わり、わずか7週間で決着がついたのです。これを機に、列強諸国はこぞってプロイセンをモデルとした参謀本部を設置し、軍組織の近代化が加速することになったのです。

　また、参謀本部は組織論にも大きな影響を与えます。例えば軍隊と同様に、国家行政においても複雑な命令および意思伝達系統が存在します。そこで、参謀本部に倣い行政長の決定を輔弼する機関が設立されるのです。今日の日本では、政府機関であれば内閣官房が、また企業組織でいえば企画部がこれに相当します。参謀本部による軍の近代化は、組織の近代化にも多大な影響を及ぼしたのです。

　もう一つ、プロイセン軍の勝利を支えたのは、鉄道網の存在でした。大軍を一度に動かそうとすると、どうしても時間が余計にかかってしまいます。そこで、プロイセンは軍をいくつかに分け、兵員や物資を鉄道で輸送し戦場の手前で合流するという作戦をとりました。これを分進合撃といいます。

　プロイセンは1830年代より、国家事業として国内はもとより全ドイツ規模の鉄道網を構築します。普墺戦争では、ベーメンに向けてプロイセン側は5本の鉄道を敷いていたのに対し、オーストリアはわずか1本が延びるにとどまりました。プロイセン軍は鉄道網を介した迅速な行軍により、常にオーストリアの意表を突くこととなり、終始戦争の主導権を握ったのです。

3. 帝国主義戦争
列強に抗う諸勢力

列強の圧勝？

　15世紀末期から、ヨーロッパ諸国は大航海時代に乗り出しますが、その目的は香辛料や金銀といった貴金属など、珍しい物産の取引・確保でした。このため植民地も世界各地に形成されますが、17世紀から重商（貿易差額）主義が台頭すると、植民地には商人の投資先や市場としての役割が重視されるようになりました。

　さらに、18世紀から産業革命（工業化）が各国で進行すると、後発国では世界で最初に産業革命に成功し、工業国となったイギリスに対抗するため、保護貿易主義をとるようになります。保護貿易で主流の施策は、輸入品に高率の関税をかけることです。工業化に成功した後発国は、今度は各国の高率関税で思うように工業製品の輸出が伸びません。そこで、列強各国は海外市場を求め、19世紀後期から植民地拡張に邁進することになります。これを帝国主義と呼びます。

　しかし、列強の進出は当然ながら先住民の反発を受けます。列強諸国は圧倒的な物量や技術力でこれを凌駕しようとしますが、対抗する先住民も昔ながらの戦術から、実戦でのバトル・プルーヴン（戦闘による実証および改善）を経て抵抗を繰り返します。したがって、これらの植民地戦争は必ずしも列強による圧勝とは限りません。そうした植民地戦争でもまた、列強や先住民に関係なく、戦場での決断が勝敗を分けるのです。

呉淞
ウースン

アヘン戦争の終盤で

1842

背景

　18世紀、産業革命が勃興したイギリスでは、ある嗜好品の需要が高まっていました。それが茶です。当時、茶葉を生産していた国は中国すなわち清に限られ、イギリスは茶葉を清より輸入していました。一方で、清は西洋との取引を広東省の港市・広州に限定し、公行（行商）という特権商人団に一任します。イギリスは清から茶、陶磁器、絹織物などを購入する傍ら、清はイギリスからの商品を受け付けず（当時のイギリス製品が清の国産品より質・量ともに劣っていたという背景もあります）、イギリスは輸入品の支払いに使用する銀が次々と清に流出し、不足することになります。

　これを解消するため、イギリスは支配を確立しつつあったインドで麻薬のアヘンを製造し、これを清に密輸することで銀の回収を狙います。このアヘン密輸は成功し、イギリスは短期間のうちに銀の保有量を回復することになります。しかし、当時の清ではアヘンの製造、使用はおろか所持も禁止されていたため、清の皇帝であった道光帝は欽差大臣に林則徐（1785～1850）を任命し、アヘンの一斉摘発に乗り出します。これに反発したイギリスとの間に、ついに戦争が勃発、これが（第一次）アヘン戦争です（1840～42）。

戦力と経過

　1840年、中国貿易を取り仕切っていたイギリス東インド会社は、「ネメシス」という名の軍艦を購入します。これは、イギリスで最初となる外洋航海を目的とした蒸気機関フリゲートで、当時のイギリスでも有数の軍艦です。また、その特徴は、蒸気機関を動力とした外輪式（舷側に取り付けられたパドルを備えた水車型の外輪を推進力とするもの）にあり、前年に開発された

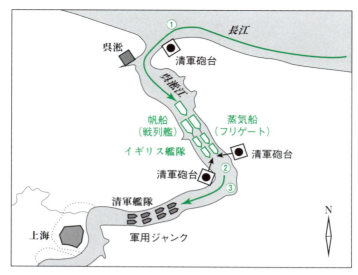

図47 呉淞の戦い

ばかりの最新型でもあったのです。ネメシスの動力となった蒸気機関の開発もまた、イギリスの産業革命による産物の一つです。

　さらにネメシスは、当時としては珍しく船体および内装が鉄製であり、また喫水が1.5mと非常に浅いことにも特徴があります。これは、来るべき中国での水域、とりわけ長江とその支流への遡航を想定したものだったのです。アヘン戦争では、同程度のフリゲート計8隻、戦列艦（大型帆船）3隻、スループ（単一の砲列甲板を備えた比較的小型の軍船）14隻を中心に、合計37隻、総兵力1万9000（うち7000がインド・セイロン兵）が清へ向け発艦します。

　対する清も軍用船の準備を進め、伝統の常備軍組織である八旗と緑営が主力となり、迎え撃とうとします。しかし、長きにわたる相対的な平和は軍の練度を大いに削ぎ、また清は伝統的に海軍を重視していないこともあって、軍用に転換したジャンク船を主力としました。清では22万もの兵力を動員したといいますが、このうち実際に戦闘に従事したのは10万人ほどであったとされます。

イギリスは艦隊の集結を待って攻勢を開始します。1839年の九龍半島沖での小規模海戦を皮切りに、翌40年から41年にかけての舟山沖の海戦でイギリス艦隊は清の沿岸艦隊を壊滅させます。これにより長江河口を押さえたイギリスは、ここから長江を遡航します（①）（図47）。上海に位置する清で最大の海軍基地を確保するためです。

　そこで清は、イギリスを迎え撃とうと、長江の支流である呉淞江(ウースン)の合流点近くに大砲175門を集結させます（②）。ここでイギリス船は、ネメシスを含む喫水の浅い蒸気船3隻を使用し、中量級の軍船を曳航させつつ前進しますが、航行速度が遅くならざるを得ず、沿岸の清軍との間で砲撃戦となり、双方とも甚大な損害を被ります。

> **決戦の選択16** イギリス艦隊が戦列艦の曳航と砲台に手間取るなか、清軍はどうしたか？

　しかし、ここで清は勝機を失います。呉淞の上流から清の艦隊が駆け付けますが、これは間に合いませんでした。イギリスはすでに砲撃戦を制し、駆け付けた清の艦隊も難なく撃退します（③）。イギリスはその後、砂洲や浅瀬に阻まれつつも、海兵を上陸させて都市制圧に移り、1842年6月19日に上海を占領します。上海で艦船を修理したイギリスはさらに上流に進んで、中国の物流の中心である大運河を封鎖します。これにより、清は講和に応じ、アヘン戦争は終結します。

> **清軍の決断** ジャンク艦隊の派遣が遅れ、砲台と艦隊ともにイギリスに各個撃破された。

結果と影響 ── 蒸気船は決戦兵力にあらず？

　アヘン戦争はイギリスと清との間で南京条約が結ばれ、これにより上海・

3. 帝国主義戦争──列強に抗う諸勢力

ネメシス

図48　E・ダンカンによるアヘン戦争の絵画

寧波・福州・厦門・広州が開港、公行の廃止、香港島のイギリスへの割譲などが定められ、イギリスは中国の市場化の第一歩を踏み出しました。これに続き、翌1843年に五港（五口）通商章程と虎門寨追加条約、さらに1858年および60年にはイギリスとフランスの共同出兵によるアロー戦争（第二次アヘン戦争、1856～）に勝利し、以後は日本も含む列強諸国も交え、中国の市場化が進行します。

　さて、ここで1枚の絵画を見てみましょう。アヘン戦争の戦闘を描写した有名な絵画です（図48左）。これは、アヘン戦争と同時代の画家エドワード・ダンカンの手によるものです。この絵画では、画面右奥に蒸気フリゲート・ネメシスが描かれ、画面中央左ではイギリス艦隊の砲撃を受けた清のジャンクが爆発しています。さて、教科書などでもよく目にするこの絵画ですが、今度はもう1枚の絵画を見てみましょう。一見するとまったく同じに思えるこれらの絵画ですが、実ははっきりとした相違点があるのです。では、その相違点とは何でしょうか？

　正解は、1枚目の右端に描かれたボートが、2枚目の方では消されているのです。また、1枚目のボートをよく見ると船首から煙のようなものを吐いているのがわかります。画面中央左で清のジャンク船が爆発していますが、この爆発は右奥に描かれたネメシスからの砲撃ではなく、右端のボートから発射された砲弾によるものであると解釈できるのです。

図49　1841年に作成されたアヘン戦争（第二次定海の戦い）の油彩画
エドワード・H・クリー作

　この意味するところは、当時のイギリスでは、ボートに大砲を搭載し敵艦に接近してこれを砲撃するという戦法を採っていたことです。実際に、アヘン戦争中の1841年に作成された油彩画（図49）では、沖合の軍艦だけでなく、ボートにも大砲が載せられ砲撃をしている様子が窺えます。この油彩画では、実際のアヘン戦争での水上戦は、必ずしも艦砲射撃が中心とは限らないということを如実に示しているのです。

　では、これらの絵画から読み取れることは何か。ネメシスを含め、イギリス東インド会社が動員した蒸気船は、当時の最新鋭かつ大型の軍艦であったことは事実です。しかし、実際にはネメシスよりも大型の戦列艦（帆船）も配備され、ネメシスをはじめとする蒸気船は、主力であったとは言い難いのです。
　また、ネメシスにはロケット砲が搭載されていました。これは南インドのマイソール王国との戦争（1780〜99）でマイソール軍が使用したロケット兵器をもとにイギリスが改良を加えた、コングリーヴ・ロケットと呼ばれたものです。その弾頭は爆発性が高いものでしたが、一方でロケットは弾道が安定せず、命中精度は高くなかったのです。このためか、ロケット砲は他の砲列に交えて使用されることはほとんどありませんでした。
　したがって、ネメシスなど蒸気船の主砲はロケット砲であり、実際の水上

第Ⅳ章　近代の戦場

3. 帝国主義戦争——列強に抗う諸勢力

戦では小型のボートに搭載した大砲を用いた砲撃戦が中心であったと考えられます。では、アヘン戦争での蒸気船の役割とは何だったのでしょうか。それは、喫水の浅い水域での航行能力の高さです。先述したように、イギリス艦隊は呉淞へと遡航する際に、蒸気船が帆船を曳航していました。蒸気を動力とした外輪を備えた蒸気船は、長江水域でも難なく航行でき、主力艦隊を上海まで牽引することができたのです。

　軍事面でアヘン戦争の最も意義深い点は、アジアとヨーロッパの軍事技術の逆転です。しかし、これは必ずしも中国の軍事技術が劣っていたことを意味するものではありません。ヨーロッパは16世紀以来、戦争を前提とする主権国家体制（勢力均衡）という国際体制を構築しており、外交の一環としてほぼ恒常的な戦争状態にありました。そのため、軍事技術の革新が進み、最終的には火薬の発明国であった中国を凌駕するまでになったのです。

　すでに明や清では、大航海時代に到来したヨーロッパ商人や宣教師から、鉄砲や大砲の購入・設計なども積極的に採り入れるようになっていました。清では1800年頃を境に大規模な対外戦争が鳴りを潜め、対外的には平和を享受しました。その結果、世界の総GNPの3割を占める経済大国となりましたが、軍事技術は停滞せざるを得なかったのです。19世紀に圧倒的な軍事力を擁して到来した欧米諸国を前に、かつて繁栄したアジア諸国は、その軍門に次々と降ることになるのです。

イサンドルワナ　1879
新式武装のイギリス軍の苦闘

背景

　列強による海外進出は、必ずしも円滑だったとは限りません。大航海時代

だけでなく、帝国主義時代もまた、現地勢力の根強い抵抗が待ち構えていたのです。19世紀後期に南アフリカで展開されたズールー戦争はその好例です（1879）。ズールー戦争は半年間という比較的短期の戦争ながら、侵略者であるイギリスに熾烈な抵抗を示し、その名を長く留めることになりました。

　南アフリカには、コイコイ人やサン人といったコイサン諸語や、バントゥー諸語を話す様々な民族が居住しており、統一国家は長らく形成されませんでした。この南アフリカは、大航海時代にポルトガルが喜望峰に到達した（1488）ことをきっかけに、インド航路の中継点として注目されるようになります。

　1652年、オランダ人のヤン・ファン・リーベックによりケープタウン（カープスタット）が建設され、のちにこの一帯は「ケープ植民地」に発展します。ケープ植民地は1815年に正式にイギリス領となり、以降はイギリスの支配が続きます。このとき、イギリスの支配を嫌ったオランダ系住民ら（ブール人ないしアフリカーナー）は、さらに内陸へ移住し（グレート・トレック）、この地にトランスヴァール共和国（南アフリカ共和国）とオレンジ自由国など白人共和国を建国します。

　イギリスがケープ植民地を領有し始めた頃、バントゥー語系のズールー人がシャカ王（位1816〜28）の即位によってズールー王国を建国します。シャカ王は軍制改革を行い、近世ヨーロッパの連隊に近似した部隊制度（インピ）を導入します。また、短槍と長楯による包囲戦術を編み出し、これにより軍事強国となったズールー王国は近隣勢力を次々と制圧します。

　ズールー王国の第4代国王がセテワヨ・カムパンデ（位1873〜79）であり、彼はシャカ王の軍制を再興し、旧式ながらマスケット銃を採用するなど軍拡に勤しみます。一方、この時期にはヨーロッパからの宣教師がズールー王国で布教をはじめ、セテワヨは彼らに直接危害は加えませんでしたが、改宗した臣民は処刑するなどの対応を見せました。こうして水面下で、ズールー王国とイギリスの間で対立が生じます。

第Ⅳ章　近代の戦場

3. 帝国主義戦争——列強に抗う諸勢力

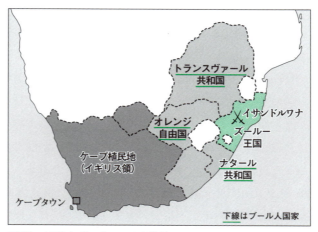
図50　1870年代の南アフリカ情勢

　1877年、イギリスの植民地大臣カーナーヴォン伯（彼の子息はツタンカーメン王墓の発掘を支援したカーナーヴォン卿）の肝いりで、トランスヴァール共和国はイギリスに併合されます。当時のトランスヴァール共和国はズールー王国の軍事的脅威に直面しており、これを利用してイギリスは併合にこぎつけたのです（のち1881年に再び独立を回復）。南アフリカにおける白人共同体をまとめ上げたイギリスは、いよいよズールー王国の征服に乗り出します。

　1878年、2人の測量技師がズールー王国に拘束されたことを理由に最後通牒を突きつけ、これにズールー側からの回答がなかったことからイギリスは軍を侵入させます。1879年1月11日、チェルムスフォード中将率いる総兵力1万6500あまりの兵が侵攻を開始し、ここにズールー戦争が開戦します。チェルムスフォードは自軍を5個縦隊に分け、うち3つの縦隊が侵攻を展開します（残り2つは守備隊として国境地帯に駐留）。

　このうち第3縦隊はチェルムスフォード直卒の部隊であり、当時のイギリス領の境界であったトゥゲラ川の支流バッファロー川を渡河し、南からズールー王国の首都ウルンディへの進撃を試みます。1月22日、チェルムス

フォードの第3縦隊は、バッファロー川の浅瀬の一つロークズ・ドリフトを渡り、15kmほど進んだイサンドルワナの丘に野営地を築きます。イサンドルワナのイギリス軍を迎え撃とうと、ズールー王国も軍団を派遣し、ここに戦闘が勃発します。

戦力と経過

　イサンドルワナのイギリス軍は、丘の上に野営地こそ築いたものの、指揮官チェルムスフォードは、塹壕はおろか駄陣（荷駄を利用した防御構造）すら命じませんでした。野営地の襲撃を懸念する兵も少なくないなか、彼は防御陣を構築することで進軍に遅れが生じることを嫌ったのです。イサンドルワナへ到着早々に、チェルムスフォードは斥候を放つと、ズールー軍の一群と交戦したとの報告を受けます。チェルムスフォードはこれが敵軍の前衛であると思い込み、2800人の部隊を率いて増援に駆け付けます。このため野営地には1300人が取り残されます。

決戦の選択17 敵の兵力を十分に把握できていないなか、イギリス軍は進撃を続けるか否か？

　チェルムスフォードが野営地を去ってまもなく、ズールー軍の本隊がイサンドルワナに接近します。ズールー軍はセテワヨ王が総司令官に任じたンシンワヨ・コザ率いる2万の戦士団です。ズールー軍（インピ）はその布陣から「バッファロー（アフリカスイギュウ）の角」と呼ばれ、両翼に「角」と呼ばれた部隊（若い戦士で構成）が敵軍の動きを取り押さえながら包囲し、「胸」と呼ばれた本隊が決定打を与えます。また、「腰」と呼ばれた予備部隊が後方に控え、これはおもに敗走する敵の追撃に用います。ズールー軍の戦術は、カンナエなどに見られる典型的な包囲・殲滅戦です。

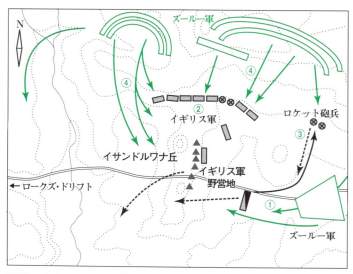

図51　イサンドルワナの戦い

 斥候の報告を受け、少ない兵力をさらに分散させたうえで追撃に移った。

　では、戦闘の様相です（図51）。1300人に対し、圧倒的な兵力のズールー軍1万5000が襲い掛かり、「角」が最初に攻撃を仕掛けます（①）。防御陣すらないイギリス軍は、見晴らしの良い野営地から火力に勝る銃砲で激しく抵抗します（②）。砲兵の一部が早々に敗走するなど兵力が削がれながらも（③）、規律を維持したイギリス軍は1時間半近く戦列を維持しましたが、ついにその一角が敗走をはじめ、戦列の崩壊に至ります（④）。ここから先はズールー軍による一方的な攻勢となり、戦闘はズールー軍の勝利に終わりました。

　結果は、野営地のイギリス軍はほぼ全滅するという壊滅的なものでした。しかし、ズールー軍も1000〜3000が戦死し、2000が負傷するなど手痛い損害を被ります。ともあれ、イサンドルワナはズールー軍にとってこの戦争で得た最大の勝利となりました。

戦後と影響

　ズールー軍はイサンドルワナでの大勝の一方で、別働隊がロークズ・ドリフトのイギリス軍分遣隊に攻撃を仕掛けます。4000のズールー軍に対し、ロークズ・ドリフトのイギリス守備隊はわずか139人に過ぎませんでしたが、決死の防衛によりイギリスはズールー軍の攻撃に耐え、ついにチェルムスフォードの援軍が接近したことでズールー軍は撤退します。このロークズ・ドリフトの戦いでは、約20対1という圧倒的な戦力差を覆したのです。

　しかし、イサンドルワナでの敗戦は本国にも知らされ、敗戦の報復を訴える世論が高まりました。同時に軍内では、チェルムスフォードに対する非難の声も大きくなります。結果として、本国政府はより大規模な増援を、南アフリカに派遣することを決定します。増援の第一団が到着したものの、イギリス軍はイントムベで補給部隊が全滅し、フロバネの砦の攻略戦も撃退されるなど苦戦が続きます。

　カンブラの戦いでズールー軍の撃退に成功したイギリスはようやく反撃に転じ、3日後のギンギンドロヴの戦いでもズールー軍の撃退に成功します。またチェルムスフォードの更迭が決まり、代わって総指揮官にウルズリー中将の派遣が迫ると、チェルムスフォードは戦争の決着を急ぎ猛攻を仕掛けます。7月4日、ズールー王国の首都ウルンディがイギリスによって陥落し、8月28日にセテワヨ王が捕縛されたことで、ズールー戦争は終結します。

　イサンドルワナでの敗戦の最大の要因は、チェルムスフォードがズールー軍を侮っていたことに他なりません。しかし、イギリスは同様の過ちを以降のアフガン戦争や南アフリカ戦争でも犯し、その度に多くの犠牲をともなうことになります。さらに言えば、近代的な軍備を擁した軍であっても、時に「時代遅れ」の軍に敗北するという例は、20世紀のベトナム戦争やソ連のアフガニスタン侵攻など枚挙に暇がありません。

　しかし、ズールー王国を見れば、イサンドルワナなどでの勝利にもかかわ

らず、最終的にはイギリスに屈することになります。結果から見れば、度重なるズールー王国の勝利が、イギリスによる王国の攻略をむしろ早めたと考えられます。そういった意味では、イサンドルワナの戦いはズールー戦争の終結に大きく貢献したという意味で、「決戦」と評することができるでしょう。

　当時は「文明対野蛮」という図式で捉えられた植民地戦争ですが、その裏では列強の苦戦が絶えませんでした。その多くがゲリラ戦によるものでありながら、イサンドルワナの戦い、およびズールー戦争は大規模な会戦を中心としたという点で他の戦場と一線を画していると言えるでしょう。

第 V 章
現代の戦場
―― 世界大戦と戦争の行く末

1. 第一次世界大戦
後戻りのできない未曾有の大戦争

総力戦とは何か

　20世紀に人類は2度の世界大戦に直面します。従来の戦争と一線を画すものとなった2度の大戦争は、戦争の在り方そのものを根本から一変させ、とりわけ第一次世界大戦は、史上初の総力戦と称されます。では、世界大戦ひいては総力戦とはいったいどのような戦争なのでしょうか。

　総力戦とは、一言で言えば「究極的に勝利を求める戦争」のことです。しかし、この表現だけでは、「そんなの戦争では当たり前じゃないか」と思われるかもしれません。ですが、これこそまさに総力戦の本質と言うべきもので、というのも21世紀に生きる我々がイメージする戦争は、総力戦に直結していると言っても過言でないと考えられます。

　では、従来の戦争は何を目的としていたのでしょうか？　近世ヨーロッパを中心に形成された国際秩序である主権国家体制（または勢力均衡）の文脈では、戦争とは外交活動の一環であると考えられます。

　イタリア戦争を機に、軍事力を背景としながら諸国が武装平和を保つようになります。これを踏まえたうえで、国益の拡大を望む諸国は、戦争を繰り広げる一方で、外交交渉により講和や同盟の打診を頻繁に交わすようになります。というのも、戦争という直接的な軍事力の行使は、勝敗（ここでは外交目標の達成）を問わず国力の疲弊がもたらされるためです。

　しかし、三十年戦争やナポレオン戦争といった大戦争により、しばしば主権国家体制は再編を余儀なくされます。これらの大戦争は、前者は信仰（宗派）、後者はナショナリズムといった、いわばイデオロギーに裏付けられた戦争であり、ここで争われたのは抽象的な「正しさ（ないし正義）」であっ

たと言えます。こうした戦争は「正戦 Just War」と呼ばれ、前近代から見られた戦争の一形態です。とはいえ、こうした大規模戦争は例外的な事態であり、主権国家体制下での戦争は、概ね国内の日常生活とは明確な線引きがなされました。

　戦争の在り方に転換をもたらしたのが、ナポレオン戦争です。国民意識とナショナリズムの勃興により国民軍を組織したフランスは、ナポレオンの指導力のもとヨーロッパを制覇し、その末期には国民戦争を確立するに至ります。ナポレオン戦争は従来の「正戦」の要素を残しながら、近代国家の動員力をもって戦争を遂行したので、戦争と日常生活との境界が曖昧になります。この戦争を経験した軍人クラウゼヴィッツは、著書『戦争論』において、勝利を要求するこうした戦争を「絶対的な戦争（絶対戦争）」と評しましたが、これは後世の総力戦の母体となった概念と言えます。

　こうした歴史的背景を踏まえた総力戦には、以下の4つの側面が備わっているとされます。

(1) 全体的な目的……特定の集団の継続的な成長を見越した覇権的ヴィジョン
(2) 全体的な手法……様々な国家で普遍的に見受けられる勢力拡大の方法論
(3) 全体的な動員……女性や子供のように、伝統的に軍に含まれない非武装の個人の包括（民間人の戦争への貢献が要求ないし強制される）
(4) 全体的な統制……独裁や寡頭といった権限の集中による、教育、文化、プロパガンダ、経済、政治といった諸部門を超えた活動の統制

　これらの要素を備えた総力戦は、文字通り国の総力を戦争につぎ込むことになります。また、総力戦が展開されると簡単には勝敗は着きません。総力戦で決着がつく要因とは、交戦国いずれかの国力が枯渇した時です。した

1. 第一次世界大戦──後戻りのできない未曾有の大戦争

がって、国家全体での動員・協力が、戦争遂行には不可欠となります。

　総力戦は、戦争を国家が統制する事業として遂行するものに変貌させ、実際の戦場（「前線」）と日常生活（「銃後」）との境目が消滅します。かつ、そのために決着はどちらかの戦争遂行能力が尽きるまで続くという、戦争をより一層不毛なものたらしめるのです。だからこそ、総力戦は勝者・敗者にかかわらず、必然的に交戦国に禍根を残すことになるのです。

ガリポリ戦役（チャナッカレ）
チャナク・バイールの攻防
1915〜16

背景

　かつてイスラームの超大国であったオスマン帝国は、ヨーロッパ列強への軍事的・経済的な従属を余儀なくされ、その様相は20世紀初頭に「ヨーロッパの病人」と称されるまでになります。なかでも長年にわたってオスマン帝国に干渉を続けていたのが、イギリスとロシアです。両国は19世紀を通じて東方問題で対立し、その舞台がオスマン帝国であったことから、両国の紛争に巻き込まれることとなります。

　とりわけ1881年に発足したオスマン債務管理局の存在は大きく、この機関はオスマン帝国各地で徴税を行い、クリミア戦争以来の借款を債権国であるヨーロッパ諸国への返済に充てることを目的に設立されます。

　徴税は大まかに2種類あり、一つは特定の地域における印紙、酒、漁業、絹の税収によるもの（特定といえども帝都イスタンブルなどの重要地域も含みます）、もう一つは地域を問わず店舗や関税の収入によるものです。この他にもタバコ・塩の専売権を手にし、オスマン債務管理局を運営するイギリス、フランス、ドイツ、イタリア、オーストリア・ハンガリー、オランダがその利権を得ます。

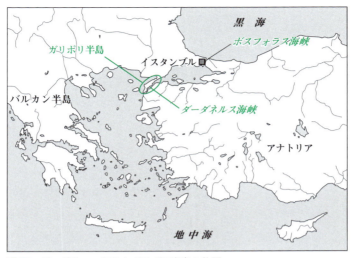

図52 ダーダネルス海峡とガリポリ半島の位置

　1914年、サラエヴォでの2発の銃声（サラエヴォ事件）により第一次世界大戦が勃発すると、オスマン帝国はドイツを中心とする同盟国と、イギリス・フランス・ロシアからなる協商国（連合国）との双方から参戦を打診されますが、当時の帝国で実権を握っていたエンヴェル・パシャの意向により、同盟国側での参戦を決定します。オスマン帝国は仇敵であるロシアへの報復の機会と捉え、早速ロシアに向けてコーカサスに遠征軍を派遣しますが、これはロシアにより撃退されます。

　また、オスマン帝国の同盟国側での参戦は、イギリスの危機感を高めます。イギリスの保護国であるエジプトはオスマン帝国と国境を接し、この地にはインドへの重要な中継路であるスエズ運河が国境近くを通っているのです。したがって、イギリスはフランスなどと共同で、オスマン帝国への遠征軍の派遣と早期攻略を目的とする軍事作戦を決行します。この作戦の立案者は、当時の海軍大臣であったウィンストン・チャーチルです（のち第二次世界大戦中と戦後で首相を歴任）。

　イギリスはドミニオン（自治領）であったオーストラリア、ニュージーラ

図53 連合軍によるガリポリ上陸作戦（1915年2〜4月）

ンドの志願兵からなるオーストラリア・ニュージーランド軍団 Australian and New Zealand Army Corps、通称「アンザックANZAC」を主力にフランス軍も交えてオスマン帝国の帝都イスタンブルの攻略を目指します。イギリスを中心とした連合軍は、その橋頭堡を得るためダーダネルス海峡の西側に接するガリポリ半島への上陸作戦を展開します。ガリポリ戦役の開始です。

オスマン側もこれに対処するため、ダーダネルス海峡の両岸の防備を固めるとともに、ドイツから派遣された軍事顧問オットー・リーマン・フォン・ザンデルスを指揮官に任命して、連合軍への迎撃態勢を整えます。ダーダネルス海峡は大戦期より100年ほど前から要塞化を進めたこともあり、オスマン帝国で最も防備の固い地点となっていました。連合軍は総兵力48万9000、オスマン軍は総兵力31万5500をもって対峙します。

連合軍はまず、ダーダネルス海峡の機雷を除去しようとしますが、これはオスマン軍の沿岸砲兵隊によって掃海艇が妨害され効果が上がりません。連合軍はそれでも海軍の攻撃を強行しようとしますが、オスマン軍の敷設した機雷により弩級艦3隻を含む艦船6隻を喪失します。こうして、海戦による攻略は失敗に終わります。

1915年4月25日、連合軍はガリポリ半島南端のヘレス岬で、5ヵ所に分かれ

ての上陸作戦を敢行しますが、ここでオスマン軍の守将、ムスタファ・ケマル中佐の頑強な抵抗に遭います。結局2箇所は撤退を余儀なくされ、残された3ヵ所の橋頭堡で半島攻略を試みます。しかし、これより戦況の膠着が続き、8月に状況打開を目的にイギリスはANZACによる大規模攻勢に出ます。この時の戦闘の一つが、チャナク・バイールでした。

チャナク・バイールの戦力と経緯

　そもそもガリポリ半島は切り立った崖や丘陵が多くを占め、防備に適した地形です。ANZACの上陸地点（のちに「アンザック入江」と呼称）に面した北側には、サリ・バイールと呼ばれた丘陵地帯（標高200～300m）の3つの頭頂、バトルシップ・ヒル（デュズ高地）、チャナク・バイール、コカチメン高地（連合軍は971高地と呼称）にオスマン軍が防御陣を構えます。

　すでにANZACを含むイギリス軍は、これまでの攻勢で無益な犠牲を払い続けていました。にもかかわらず、連合軍はサリ・バイールの2つの最高峰、チャナク・バイールとコカチメン高地のオスマン軍陣地の奪取を目論みます。これが8月攻勢の一つ、サリ・バイール奪取作戦です。しかし、険しい地形により連合軍は南に3分の2、そして北に3分の1にそれぞれ分断され、これに相対するようにオスマン側も布陣したため、こちらも孤立した前哨基地に少数の兵を駐留せざるを得なくなります。

　8月6日午後10時45分、連合軍の北部部隊はコカチメン高地に向け進軍を開始し、一方で南部のニュージーランド軍団を主力とする一団はチャナク・バイールの攻略へと向かいます（①）（図54）。南部の主力部隊は3個の縦隊に分かれ、チャナク・バイールを攻略しそのまま南転してバトルシップ・ヒルも奪取するという攻撃計画です。

　連合軍（南部部隊）の戦力は3万7000で、対するオスマン軍はおおよそ2万の戦力で防衛に臨みます。連合軍は手始めにアンザック入江から浜に沿って北上し、「ツツジ尾根 Rhododendron Ridge」に沿って進軍します（②）。尾

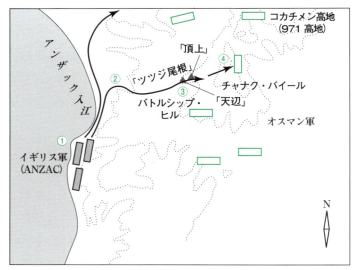

図54　チャナク・バイール攻防戦

根の入口にはオスマン軍の3つの前哨基地があり、これを奪取すると連合軍は夜通し戦闘を続けながら行軍し、「天辺 The Anex」に駐屯するオスマン軍を追い払って合流を果たしますが、険しい地形もあって8月7日の夜明け直前で、すでに作戦の予定時刻より2時間の遅れが生じていました。

　それでも7日午前10時30分、連合軍はチャナク・バイールから200mの地点にある「頂上 The Pinnacle」に到達し、ここに駐屯するオスマン軍と戦闘になります（③）。連合軍のニュージーランド軍団のうち、最初に攻撃を仕掛けたオークランド歩兵大隊が大損害を被り、翌8日の午前4時にウェリントン歩兵大隊も「天辺」を出立し、砲撃を加えながらチャナク・バイールに向かいます。ウェリントン大隊はオークランド大隊の残存部隊も吸収し、760名の兵士が無傷でチャナク・バイールに到着します（④）。砲撃の合間にオスマン兵は撤収し、これにより占領が容易となったのです。

　ついに目標のチャナク・バイールを占拠した連合軍でしたが、このときのオスマン軍の撤退は計画的なものでした。オスマン軍はあえてチャナク・バイールを手放し、反撃の準備を整えたのです。

決戦の選択18 オスマン軍はチャナク・バイールの防御陣を手放すか否か？

オスマン軍の決断 一時的に撤収し、兵力を結集したうえで奪還を図った。

　オスマン軍はまだ近隣に相当の兵力を残しており、これにチャナク・バイールの守備隊を加えることで、一気に決着をつけようとしたのです。これにより、チャナク・バイールの占拠は挫かれ、また同時に各方面での攻勢も、ムスタファ・ケマル大佐（6月1日に昇級）の指揮によって撃退され、サリ・バイール奪取作戦は脆くも連合軍の失敗に終わったのです。

結果と影響

　チャナク・バイールをはじめ、ガリポリ戦役は連合軍の敗勢が濃厚となり、最終的に1915年12月7日より、連合軍はガリポリ半島からの撤退を開始しました。これにより、ガリポリ戦役そのものも連合軍の敗北に終わります。オスマン軍も甚大な損失を被ったものの、帝都イスタンブル占領という連合軍の当初の目的を挫くことに成功したのです。

　ガリポリ戦役の失敗による反響は大きく、この失敗の責任を問われ、当時のイギリスのアスキス内閣は総辞職を余儀なくされロイド・ジョージ内閣に交替し、また作戦の立案者であった海軍大臣のチャーチルも失脚し一時的に政界を去ることになります。

　また、このガリポリの攻防戦で活躍したムスタファ・ケマルは、一躍時の人となり、国民的英雄に担ぎ上げられます。ケマルは終戦までにミールリヴァー（准将に相当）にまで昇進し、戦後はオスマン帝国に対して革命を指

導し、これを滅ぼしてトルコ共和国を建国します（1923）。ムスタファ・ケマルはその初代大統領となって近代化に尽力し、その多大な功績から大国民議会（トルコ国会）より「アタテュルク（トルコの父）」の名が贈られます。

　戦略的に見ればイギリスの無謀さが目立ったガリポリ戦役ですが、これに従軍したオーストラリアやニュージーランド兵、ANZACにとっては記念碑的な出来事となりました。ガリポリ戦役はオーストラリアやニュージーランドにとっては初となる大規模な対外派兵であり、現在でも両国はこれを偲んで、ガリポリ半島に上陸した4月25日を「ANZACデー」として祝日としているのです。
　第一次世界大戦では、本国だけでなくこうした植民地や自治領といった海外領の貢献も決して無視することはできませんでした。イギリスでは、戦後の1931年にウェストミンスター憲章が公布され、オーストラリア、ニュージーランド、カナダ、南アフリカといった自治領は主権を与えられ、本国政府の干渉を受けない独立国となります。
　同時に、これらの国々は、イギリス国王を共通の君主に戴く、同君連合体として協調関係にもあります。カナダやオーストラリア、ニュージーランドは、今日もなおイギリス国王を国家元首とする君主制を維持していますが、第一次世界大戦は植民地政策に新たな局面をもたらしたのです。こうして、イギリス帝国（もしくは大英帝国）と呼ばれた政治体は、イギリス連邦（コモンウェルス）と呼ばれた国家連合体へと変化し、今日までその連帯は維持され続けているのです。

ヴェルダン
逃げ場のない戦い

1916

背景

　第一次世界大戦が総力戦の様相を呈した理由は、大戦初期の同盟国による攻勢にあります。中央同盟国（同盟国：ドイツ、オーストリア・ハンガリー、ブルガリア、オスマン帝国の4ヵ国）の主軸であるドイツは、連合国（協商国）であるフランスとロシアに東西を挟まれており、これを同時に相手することは得策ではないと考えていました。そこで、戦前からドイツの参謀本部では、短期決戦を目した作戦計画（プラン）を考案していました。

　その作戦計画が、1905年に立案された「シュリーフェン・プラン」でした。立案者で、かつ当時の参謀総長であったアルフレート・フォン・シュリー

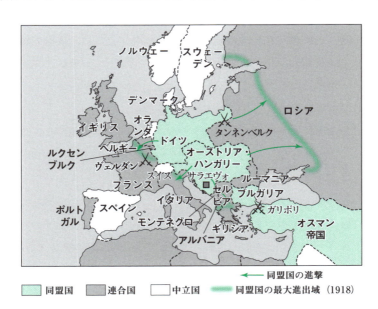

図55　第一次世界大戦時のヨーロッパ

1. 第一次世界大戦——後戻りのできない未曾有の大戦争

◀┄┄┄┄ ドイツのシュリーフェン・プラン　　◀---- フランスのプラン

図56　シュリーフェン・プラン

フェンの名をとったこの作戦計画は、フランスへの攻勢を主眼としたものでした。ドイツ参謀本部は、ロシアは広大な領土からの大規模動員が脅威ではあるものの、動員には時間がかかると見なしました。シュリーフェンは日露戦争の分析から、その期間を6週間と見込みます。そこで、ロシアが動員に手間取っている間に、フランスに攻勢をかけ、返す刀で最終的にロシアも撃退しようと目論んだのです。

シュリーフェン・プランで核となるのが、フランスへの迅速な侵攻と短期決着です。シュリーフェン・プランのフランス侵攻作戦では、独仏国境地帯をそのまま進軍するのではなく、ベルギー・ルクセンブルクを経由して北フランスに入ります。これは当時、ベルギーとルクセンブルクが永世中立国だったことを考慮しています。永世中立国との国境地帯は、フランスの防備が薄いだろうとドイツは判断したからです。こうして、北フランスを占領（なかでも首都パリの確保）することで、アルザス・ロレーヌ方面の国境地帯に展開するフランス軍主力の退路を断ち、包囲殲滅を図ったのです。

しかし、結果はドイツ参謀本部の目論見通りにはなりませんでした。フランスも「プランXVII」を用意しており、これはドイツ軍によるドイツ国境、ベルギー国境のいずれからの侵攻も防ぐ作戦です。そもそもシュリーフェン・プランはフランスが防戦に徹しないことが前提にありましたが、この時点でドイツの目論見は脆くも崩れ、またベルギーの予想外の抵抗もあって、ドイツの北フランスへの侵攻に狂いが生じます。

　それでもドイツ軍は北フランスへの侵攻を続けますが、ついにその進撃は1914年9月の第一次マルヌ会戦で挫かれます。一方、フランスはドイツ軍主力を引き付けている間にロシア軍による攻勢に期待しましたが、これはマルヌ会戦に10日ほど先行したタンネンベルクの戦いでドイツの大勝利に終わり、中央同盟国を挟んで東西の戦線はいずれも膠着せざるを得なくなります。

　同盟国・連合国の膠着状態は1年以上が経過し、ドイツはこの状況を打開すべく、フランスの消耗を目的とした攻勢を企画します。その標的となったのが、独仏国境地帯に位置するフランスのヴェルダン要塞でした。

ヴェルダン要塞の防備

　フランスは1871年の普仏戦争での敗戦により、国境地帯であるアルザス・ロレーヌ（ドイツ語名エルザス・ロートリンゲン）をドイツに割譲したことで、ドイツに対する防衛線を大きく西に移動せざるを得なくなります。フランスは新たに防衛委員会を発足させ、普仏戦争を教訓にドイツによる東部国境からの侵攻に備えるため、対ドイツ防衛網を急ピッチで進めます。

　独仏国境地帯の防衛強化にあたりその指揮を執ったのが、当時の工兵監であったセレ・ドゥ・リヴィエールでした。彼により「鉄の防衛線」ないしリヴィエール・システムと呼ばれる防衛が構築され、その防衛のカギと目されたのが、ヴェルダンでした。

　ヴェルダンはマース川（オランダ語、フランス語ではムーズ川）の両岸に市域が広がる天然の要害であり、アルザスのメッツ（現フランス領メス）か

らパリへと向かう主要街道の中継点に位置していました。1500年にわたってこの地を有した様々な勢力にとって防衛の要とされていたのです。「ヴェルダン」という名称の語源となったのが、「強固な砦」を意味するガリア語に由来するVerodunum、あるいは「河岸の砦」を意味するラテン語Vir Dunumといわれており、いずれにせよこの地の性質をよく反映していると言えます。

　一方、フランスでは、ルイ14世の治世に活躍した軍事技術者ヴォーバンの着想から200年もの間、防衛システムは大きく進展していませんでした。建築資材にはいまだ石材が使用され、近世に登場した「星形砦」のような稜堡に頼るなどしていたのです。19世紀後半には、軍事技術の革新もあって防衛システムの近代化も進みましたが、当初は従来の防衛システムの延長上にあると言わざるを得ないものでした。

　1886年までにヴェルダン市を囲むように10の要塞、6つの堡塁、市街地の3〜9km圏に5ヵ所の軍隊駐屯地が建設されます。しかしこの時期に、リヴィエール・システムに抜本的な革新を迫る事件が生じます。それが、後装式大砲の実用化と、これにともなう砲身の線条加工（ライフリング）で、大砲の発射速度と命中精度が格段に向上します。

　極めつけは、前年の1885年に化学者ウージェーヌ・テュルパンが爆発性の高いピクリン酸を圧縮して砲弾に装塡するという技術の特許を得たことです。後年にメリナイトと名付けられるこの新式火薬は、従来の黒色火薬と比較して爆発性が極めて高いものでした。これは、軍事史において「炸裂弾」が実用化されたことを意味します。フランス軍がマルメゾン要塞で行った実験では、石造の防御建築はメリナイトの爆発威力の前にはほぼ無力であることが証明されます。この結果をもとに、鉄骨とコンクリートの使用、稜堡を廃して分厚い防護壁で覆った通路や掩体壕などが採用されます。

　こうして、ヴェルダン市を中心にヴェルダン要塞地区が構築され、動員により6万6000の兵が駐屯し、6ヵ月分の備蓄を備えるまでになります。

一連の軍事革新は「炸裂弾の危機」と呼ばれ、これを鑑みたヴェルダン要塞の防備は、第一次世界大戦が開戦してもなお継続して改良され続けました。まさに鉄壁の防護を施したこのヴェルダン要塞で、第一次世界大戦で最大の激戦の一つが繰り広げられるのです。

経過

　当時のドイツ軍参謀総長であったエーリヒ・フォン・ファルケンハインは、戦線が膠着するなか、もはや大規模な会戦によって戦争の帰趨を決することは現実的でないと見なしていました。であるならば、敵軍に少しでも多くの損害を与える他に選択肢はないとしたのです。当時のドイツ軍にとって最大の敵はあくまでイギリスであり、フランスの消耗を強いることで、最終的にイギリス軍との1対1の戦闘に持ち込もうとします。これは、当時のドイツ軍最高司令部も、概ね同様の見解でした。

　シュリーフェン・プランが挫折して以来、すでにアルザス・ロレーヌ方面から攻勢をかけるドイツ軍によって、ヴェルダンは三方から包囲されており、ほぼ孤立していました。ヴェルダンへは軽便鉄道が1本延びているだけであり、補給はほぼこの鉄道に頼っていました。一方でドイツは、前線の北方24kmまで延びる鉄道本線を保持しており、この時点での兵站は優位であったと言えるでしょう。ドイツ軍は熟練兵や訓練を終えた徴募兵をヴェルダン近郊に集結させ、最終的に50の師団がこの戦闘に参加することになります。

　1916年2月11日、フランスの情報士官は、マース川右岸にドイツ軍が攻撃準備を整えていることを察知します。これを受けて、ヴェルダン要塞地区では急遽、防備の増強が進められます。先述のように、ヴェルダン要塞に至る鉄道網はほぼ限定されており、フランス軍は3000両ものトラックを動員します。

　2月21日午前7時15分、ついにヴェルダン要塞をめぐる戦闘が開始されます（図57）。戦端はアヴォクール森のドイツ軍による大規模な砲撃によって開

第V章　現代の戦場

1. 第一次世界大戦——後戻りのできない未曾有の大戦争

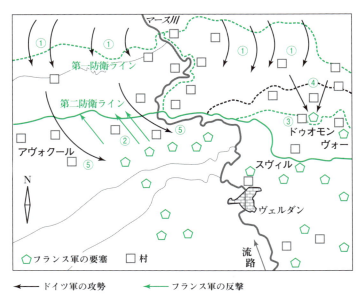

図57 ヴェルダン攻防戦

かれ、午後4時45分頃にドイツ軍歩兵が最初の攻撃を仕掛けます。この日の攻勢でドイツ軍は大きく前進し、この占領地を利用してフランス軍の反撃も撃退します。攻撃開始より3日間で、ドイツ軍はヴェルダン要塞地区の第一防衛ラインを制圧し、さらに各大隊に援軍も駆け付けるなど、戦闘を優位に進めます（①）。

しかし、2月24日の進軍はフランス軍の砲撃によって阻まれ、第二防衛ラインからドイツ軍は一掃されます（②）。ヴェルダン要塞では司令官のジョフル将軍が、副官にフィリップ・ペタン将軍を登用し、ペタンは援軍として引き連れた第二軍団を率いて、マース川右岸の防備にあたるのです。

フランス軍司令部は、当初ドイツ軍のマース川渡河を阻もうとしていましたが、ドゥオモン要塞から撤退する代わりにマース川東岸からドゥオモン村に新たな防衛線を設け、ここを死守するよう命じます（③）。ドゥオモン要塞はヴェルダン要塞地区で最大の要塞であり、この一連の戦闘で激戦の舞台となります。

フランスの防備が再編成されると、ドイツ軍は手始めに無防備となったドゥオモン要塞を占領しますが、再編成されたフランスの防備はヴェルダン要塞地区の中でも最も堅固な地点の一つとも言えるものでした。2月26日から29日にかけて熾烈な攻防が繰り広げられ、フランス軍の頑強な抵抗により、ドイツ軍の進軍が滞るようになります。この3日間だけで、ドイツ軍は50万もの兵力をドゥオモン村に投入しますが、フランス軍の防衛線を突発することはついにできませんでした（④）。

　ドイツ軍はヴェルダン要塞地区の早期攻略に失敗しますが、一方でイギリスは北フランスのピカルディ地方におけるドイツ軍に対するソンム攻勢の準備を着々と進めます。続く4ヵ月の間、ピカルディ方面でのドイツ軍の動きを鈍らせるためにも、ヴェルダンでドイツ軍を釘付けにする必要があったのです。

　3月4日、ドイツ軍はついにドゥオモン村を占領し、このとき村は激しい戦闘による損害を受け、そのうえ多数の不発弾が散乱し、再建不能と評されるまでに破壊されます。いよいよドイツ軍はマース川西岸に攻撃の焦点を絞り、ドイツ軍遊軍団2個が川を渡り、対岸の丘を占拠します。このドイツ軍の攻勢で双方とも1万に上る損害を被り、戦闘はついにマース川の両岸で展開されることとなるのです。

　4月8日までに、フランス軍がマース川左岸で当初の防衛線をほぼ喪失し（⑤）、翌9日にドイツ軍の総指揮官であったヴィルヘルム皇太子は両岸での攻撃を命じますが、大した戦果を挙げることができません。4月の1ヵ月間を通し、こうした流血をともなう膠着状態が続くことになるのです。ここでフランス軍のペタン将軍は、右岸の指揮官にニヴェルを、左岸の指揮官にベルテロをそれぞれ昇進させ、ドイツ軍を迎え撃とうとします。

　6月1日、ドイツ軍はマース川東岸の強固な防御地点である、ヴォー要塞とドゥオモン要塞を攻撃します。一進一退の攻防の末、ドイツ軍は両地点を9日までに占拠しましたが、ドゥオモンの南の防衛線への攻撃は不可能な状態

第Ⅴ章　現代の戦場

1．第一次世界大戦——後戻りのできない未曾有の大戦争

にありました。左岸の状況はさらに泥沼となり、6月15日にフランス軍がわずかに1kmの前進を果たすにとどまります。西岸の戦闘は、塹壕戦の典型と言えるものでした。目の前の壕をめぐって一進一退を繰り返し、兵士は狭い塹壕の中で迫撃砲や毒ガス、火炎放射などに怯える日々が続きます。

この間、東部戦線のウクライナ方面で、ロシア軍の反攻により20万のオーストリア・ハンガリー兵が捕虜になるという同盟軍の大損害が生じており、これがヴェルダンでのドイツ軍の焦りを招くことになります。士気の低下を恐れたドイツ軍は東岸でのさらなる攻勢を強行するものの、これはフランス軍の抵抗でまもなく滞ります。ともあれ、フランス軍にとって状況が切迫していることには変わりはありません。ここでペタン将軍は決断を下します。

マース川両岸の防衛線をどのように維持するか？

左岸の防備を手放し、右岸の防備に全力を挙げた。

ペタンはあくまで戦況を決するのは右岸にあると見なし、左岸の防備を薄くしても右岸を死守するよう指示します。

6月24日にイギリス軍を中心にソンム攻勢が展開され、7月1日にはイギリス・フランス連合軍の歩兵隊による大規模攻撃も展開されますが、この日だけで連合軍は6万近い（うち戦死2万）損害を被ります。これを受けてドイツ軍は、12の連隊に命じて7月11日から8月1日にかけてヴェルダンで攻勢をかけますが、これは結局失敗に終わります。ここからヴェルダンでの戦況に変化が生じ始めるのです。

8月3日にフランス軍はドゥオモンを奪回、しかし5日後にドイツ軍に再度

奪取され、局地戦の継続に痺れを切らしたドイツ軍は、9月3日に最後の大規模攻勢をかけますが、これはあえなく失敗に終わります。ここからフランス軍は、徐々にドイツ軍の占拠した拠点を、順繰りに奪回していくことになります。12月15日、フランス軍による攻勢で、フランス軍はヴェルダン戦での開戦以前の占領地をほぼ奪回します。こうして、6ヵ月に及ぶヴェルダン要塞地区の攻防戦は、ようやく終焉を告げたのです。

結果と影響

　ヴェルダンの戦いでは、ドイツ軍はのべ50の師団（50万前後）、フランス軍は75の師団（75万前後）がそれぞれ参加し、10ヵ月におよぶ一連の戦闘で、両軍合わせて30万の戦死、傷病他40万の損害を被りました。

　ヴェルダンの戦いでは、フランス軍が防衛ラインを縮小させつつも、防戦に徹したことが最終的にドイツ軍の撤退を促したと言えるでしょう。しかし、ドイツ軍の当初の目論見である兵力の消耗という点で言えば、フランス軍は相応の損害を被りました。とはいえ、ドイツ軍も相当な損害を出しているため、この戦闘は実質的には痛み分け、フランス軍が防衛線を奪回したことから、戦略的にはフランスの勝利と言えるでしょう（割に合わない「ピュロスの勝利」であることに変わりはありませんが）。

　総力戦の典型であるヴェルダンの戦いは、大規模な破壊がともなうものでした。激戦地となったドゥオモン村は、戦前は300人近い住民が暮らしていましたが、戦後の人口はわずか3人にまで激減します（住民は事前に避難していましたが、村の壊滅によって居住の継続を断念したのです）。ドゥオモンには現在、第一次世界大戦での戦死者の埋葬地および納骨堂があります。

　ヴェルダンの戦いは以降の戦争、なかでも総力戦の方向性を確立した意義深い戦闘であったと言えます。総力戦にともなう消耗戦の性質がよく反映されているためです。このように第一次世界大戦は、これを経験したすべての人間に、戦争の性質の変化を如実に印象付けることとなりました。第一次世

界大戦を振り返って、イギリスのチャーチルはこのように述べています。

> ……アレクサンドロスやカエサル、ナポレオンらが勝利を求めて軍を率い、馬に跨って戦場で兵士らと生死を共にし、ほんの数時間の決定や指示で帝国の命運を賭ける時代ではもはやなくなった。これからの英雄とは、政府機関がそうであるように、安全で、静かで、物寂しいオフィスで事務官に囲まれ、一方でその電話越しに機械的に何千もの戦闘員が殺戮に遭い命を奪われる。我々は偉大な指揮官たちの最後の活躍の場を見届けている。おそらく彼らはこの世の終焉(ハルマゲドン)よりも前に消滅するであろう。今後の争いは、女性や子供、市民一般の命をも奪うものとなり、勝利はこういった人々を最大限に組織化できる英雄の手に委ねられるのだ。
> ——Winston S. Churchill, *The World Crisis, Vol.4*

まさに本章の冒頭で述べた、「前線と銃後の消滅」を端的に言い表したものですが、同時にヴェルダンの戦いがそうであったように、もはや戦争では指揮官による「決断」が、必ずしも勝敗に直結することはなくなったのです。しかし、それでも戦場は指揮官と「決断」を必要とするのです。戦争が泥沼の消耗戦となったからこそ、戦況を打開する突破口を求め、今日もなお、あらゆるレベルの指揮官は「決断」を要求され続けているのです。

2. 第二次世界大戦

「昔ながら」の戦いは消えず

　第二次世界大戦は、史上2度目となる総力戦を世界にもたらしました。第二次世界大戦は、ドイツ、イタリア、日本の三国同盟を中心とする枢軸国と、これに対抗した連合国との間で争われたものです。連合国は大戦勃発後の1942年に正式に発足した国際機構で、結成前後から参加国（とりわけアメリカ、イギリス、ソ連）は緊密な連絡を取り合い、戦後の国際秩序の再構築も見据えていました。

　連合国は英語ではUnited Nationsと言い、これは今日では国際連合を指す名称として知られます。そもそも、大戦中に結成された連合国が今日の国際連合の母体となっており、したがって両者の性質には強い連続性が認められるのです。しかし、一方ではヨーロッパが2度目も主戦場となり、またアジア・太平洋では日本が敗北したことにより、国際社会においては戦後のアメリカの優位が顕著となります。他方で、アメリカは戦前から関係が険悪だったソ連の影響拡大を抑えようとし、「冷戦」構造の確立を促すことにもなります。

　第二次世界大戦の特徴として、軍事的には航空機開発の飛躍を挙げることができます。第一次世界大戦で「空戦」が本格的に展開されるようになりましたが、第二次世界大戦では航空機の機動力や航続能力、さらに積載容量などが大幅に向上します。加えて大型空母（航空母艦）の開発により、航空機の戦略・戦場における役割が大幅に増すことになります。さらに航空機による空爆は戦場だけでなく、銃後の市街地も対象となったため、「前線と銃後」の境界はより一層曖昧なものとなりました。

一方で、20世紀初頭に開発された無線電信の運用も本格化し、情報の暗号化や、敵軍の情報を傍受し、あるいは偽の情報で攪乱するといった情報戦も顕著となります。1943年に連合軍のシチリア上陸を成功に導いたミンスミート作戦はその一例です。

　こうした顕著な革新が生じた一方、古代から続く地上戦（陸戦）などの「昔ながら」の戦いは、その重要性が低くなったわけではありません。むしろ、第二次世界大戦でもまた、「殲滅」と「攪乱」をもたらす大規模会戦は、その役割をいささかも失っていないことが立証されるのです。第一次世界大戦がそうであったように、1つの会戦が必然的に長期戦となるにつれ、状況を打開しようとして戦場は「決断」を要求し続けるのです。

スターリングラード

1942〜43

近代史に稀に見る接近戦

背景

　1939年9月、ヒトラー率いるドイツ（ナチス・ドイツ）がポーランドへの軍事侵攻を開始し、第二次世界大戦が勃発します。ドイツは第一次世界大戦の轍を踏まないようにと、事前にソ連と独ソ不可侵条約を結び、侵攻を開始するとポーランドを東西に分割します。これを機に北欧、ベネルクス三国へ攻勢をかけ、さらにフランスを占領し開戦から1年を待たずして西ヨーロッパの大部分を制覇します。しかし、イギリスへの侵攻は頑強な抵抗を受けて膠着します（バトル・オヴ・ブリテン）。

　イギリスへの侵攻が停滞する一方、ドイツの同盟国イタリアがギリシアに侵攻するものの激しい抵抗により撃退されたため、ドイツはバルカン半島へ軍を進めます。ところが、そのことで当初予定していたソ連への侵攻計画（バルバロッサ作戦）が1ヵ月の延期を余儀なくされます。とはいえ、バルカン

図58 スターリングラードの位置

侵攻によりソ連とドイツの勢力圏がより接近し、両国の関係が緊張状態に陥ったことに変わりはありません。

　1941年6月、ヒトラーはソ連に宣戦布告し、独ソ戦が開始されます。独ソ戦は帝国主義的な性格を残した西部戦線に対し、ナチ党政権のプロパガンダ戦略などからイデオロギー戦争としての性格が強められます。開戦当初、ドイツを中心とする枢軸国はスモレンスク、カリコフ、キエフと快進撃を続け、ソ連の首都モスクワの攻略に着手するものの、この時点でもさらに1ヵ月の遅れが生じます。モスクワではソ連赤軍の頑強な抵抗に遭い、さらに例年より早い冬の訪れ（「冬将軍」）により持久戦の様相を呈することになりました。

　独ソ戦が持久戦に移行し、補給路も伸びきったことから枢軸国の進撃はにわかに停滞します。年が明けた1942年、ソ連・全連邦共産党（ボリシェヴィキ）の書記長（最高指導者）スターリンは、参謀本部の意向を退けてドイツへの総反撃を訴えますが、ドイツ軍の戦力が健在であったことから前線の膠着を打開するには至りませんでした。とはいえ、状況は徐々にソ連優位に傾

いていきます。

　ドイツでは補給が続かない苦境を鑑みて、コーカサスの石油資源の奪取を目的とした南部戦線での軍事作戦（ブラウ作戦）を発動します。このコーカサスの油田と、ヴォルガ水系の交通輸送路の要衝に位置したのが、スターリングラード（現ヴォルゴグラード）でした。

戦力と経過

　ドイツ軍は南部戦線でA軍集団とB軍集団に分かれ、A軍集団はトビリシやバクーといったアゼルバイジャンの油田地帯を目指し、B軍集団はこれを支援するため、ドン川に沿って防衛線を築き、要衝スターリングラードを占拠するという作戦を立てます。しかし実際は、B軍集団はA軍集団に兵力を引き抜かれるなどして脆弱であり、さらにヒトラーによる指揮官の更迭が相次ぐなどして混乱も生じます。B軍集団のうちスターリングラードの戦いでは、ドイツ軍は22個師団からなる23万が参加し、総勢43万の兵力をフォン・パウルス将軍（のち元帥）が指揮します。ドイツ軍は2ヵ月の激戦を制し、スターリングラード郊外に兵を展開し包囲を開始します。

　一方で、ソ連軍はのちに国家最高指導者となるフルシチョフをはじめとする3人の軍事評議会が防衛を担当し、まず老人、女性、子供といった戦力にならない人員をすべて避難させ、市街地の要塞化を進めます。前線で指揮を執るのはヴァシーリー・チュイコフ将軍です。ソ連赤軍にはスターリングラードの工場労働者も加わり防衛に参加しましたが、それにもかかわらず、スターリングラードの戦車工場は稼働を続けていたといいます。第62軍を主力とするソ連軍は30万人が市街地で抵抗を試みます。

　ドイツ軍に十分な戦力がともなっていないことは明白ですが、その一方でソ連軍の準備も決して必要十分とは言えないものでした。両軍とも万全でない状態を承知のうえで、戦闘に突入するのです。すでにドイツ軍はスターリングラード市街への爆撃により多くの建造物を破壊しましたが、崩落した建物の瓦礫によって市内での軍の展開に支障が出ます。とりわけ戦車が市街地

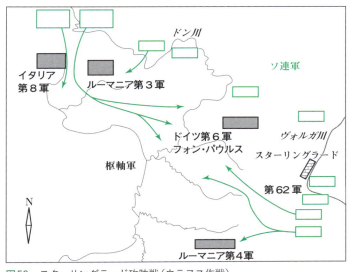

図59 スターリングラード攻防戦（ウラヌス作戦）

に展開できないという問題が大きく、このためスターリングラードの戦闘は近代戦で稀に見る接近戦となります。

　ドイツ軍は1942年6月22日にスターリングラードへの攻撃を開始し、2ヵ月に及ぶ激戦の末に市街地の郊外まで歩を進めます。しかし、ソ連赤軍は家の1軒ごとに兵士を潜伏させ、ここで起居までさせます。この家屋に立て籠もった兵士らが頑強な抵抗を示し、戦闘は膠着します。当初こそソ連軍の被害が甚大でしたが、市街地のソ連兵は着実に実戦経験を積み、また自国という地の利も手伝ったことで、市街地での近接戦闘あるいは白兵戦に卓越していったのです。

 決戦の選択20　包囲下のスターリングラードにどのように救援軍を派遣すべきか？

　11月下旬、ソ連軍は東から113万の援軍を派遣し、スターリングラードの

南北からドイツ軍を逆包囲する「ウラヌス作戦（天王星作戦）」を発動します（図59）。極秘裏に作戦準備を整えたこの攻勢で、ソ連軍は枢軸国のルーマニア軍を突破し、4日間で市を包囲しているドイツ軍の包囲に成功します。

これにより、フォン・パウルス率いるドイツ軍33万は、スターリングラードでソ連軍に包囲される形になります。市内のドイツ軍はスターリングラードからの撤退を訴えますが、本国でヒトラーが拒絶します。ヒトラーは1日当たり500トンの物資を空輸すると約束しましたが、実際に輸送されたのは1日で最大150トンであり、むしろこれを大幅に下回る日が多かったほどです。

ソ連軍の決断 包囲軍を外側からさらに包囲することで、市内の籠城軍と挟撃する形とした。

一方でヒトラーは、マンシュタイン将軍に援軍を率いて、スターリングラードで孤立している軍を救助するよう命じますが、これはスターリングラードのフォン・パウルス将軍が協力を拒否し、戦線の維持に固執します。この間に、物資の不足や悪天候によって、ドイツ軍兵士は次々と斃れます。マンシュタインは、フォン・パウルスに自分に協力するよう命じてほしいとヒトラーに訴えますが、ヒトラーは結局この要求を無視します。最終的にマンシュタインの援軍はパウルスに合流できず、ドイツ軍の戦力低下は止まりません。

1943年1月に、ソ連軍が重要な攻勢に出ます。この時の攻勢で、ドイツ軍の使用する滑走路2本を奪取したのです。これにより、物資は落下傘を用いての供給にならざるを得ず、しかもその大半がソ連軍に奪われる有様でした。当時ドイツ軍は3万人が医師の手当てを受け、さらに負傷して手当ても受けられない兵士も1万8000人以上が横たわっていたと推定されます。

1月30日、ソ連軍はいよいよ大攻勢に打って出ることとなり、抵抗分子への掃討戦が繰り広げられ、市街地の中心も奪われます。この期に及んで、ようやくパウルスも降伏という選択肢を考慮しましたが、本国のヒトラーは「あくまでも降伏してはならない」と従来の命令を変えることはありません

でした。状況はドイツ軍にとって絶望的であり、元帥に昇格してまもなくのパウルスは、1月31日に投降します。スターリングラードでは、ドイツ軍兵士14万7000が死亡する敗北に終わったのです。

結果と影響

　スターリングラードの戦いは、市街地では接近戦が激しく展開されましたが、大局的に見ればソ連軍の「ウラヌス作戦」による包囲・殲滅戦の典型だったと言えます。さながら前216年にハンニバルが勝利したカンナエの戦い（p.27）を彷彿とさせる戦場だったと言えるでしょう。とはいえカンナエとの決定的な違いは、戦闘が長期にわたって続いたことです。また、スターリングラードでは広大な国土を背景としたソ連の動員力が、勝敗を決したとも言えるでしょう。

　スターリングラードでのソ連の勝利により、東部戦線（バルバロッサ作戦）のドイツ軍の後退が本格化します。これにともない、1943年のテヘラン会談に参加したスターリンは、F・ローズヴェルト（米）、チャーチル（英）に呼びかけ、西ヨーロッパにおける対独「第二戦線」の構築が決定します。すでにイタリア上陸を果たした米英連合軍は、この決定を受け、翌44年にノルマンディー上陸作戦を決行します。これを境に、ドイツ軍は連合軍に東西から攻め込まれ、1945年5月8日にベルリンが陥落します。

　スターリングラードはまた、刻一刻と変化する戦況を把握することの難しさも示しています。フォン・パウルスがマンシュタインとの合流を拒んだこともそうですが、「ウラヌス作戦」で包囲を完成させたソ連軍ですら、ドイツ軍の正確な兵力を把握できずにいました。これこそまさに「戦場の霧」の典型です。第二次世界大戦では通信手段も格段に向上しましたが、それでも戦況の把握は常に指揮官を悩ませる問題であり、それは21世紀の現代においても変わらぬ課題であり続けているのです。

硫黄島
いおうとう

海兵隊史上で最も高い代償

1945

背景

　第二次世界大戦では各地で熾烈な地上戦が展開されました。先に紹介したスターリングラードはその典型ですが、太平洋の戦場でも同様の戦闘が展開されます。1941年12月8日の真珠湾攻撃により火蓋が切られた太平洋戦争では、当初は日本が快進撃を続けていました。アメリカは日本への反撃を企図しますが、両国を隔てる広大な太平洋が、問題として立ちはだかります。1942年まで、アメリカは日本に対し一方的な敗北を繰り返し、さらに西海岸で日本の潜水艦から通商破壊を目的とした一連の攻撃を受けます。建国以来、対外戦争で国土が直接の戦場となった経験のないアメリカにとって、この日本軍の攻撃は衝撃的なものでした。

　当時のアメリカ大統領F・ローズヴェルトは、国民の士気を取り戻すためにも、日本本土への攻撃作戦に打って出ます。そして実行に移されたのが「ドーリットル空襲」であり、これは空母2隻を中心とする機動艦隊単独で太平洋を横断し、爆撃機を発進させて日本を爆撃し、中国の内陸（蒋介石政権の勢力圏）に着陸するというものです。この作戦で日本が受けた損害は軽微なものでしたが、アメリカの世論は沸き立ちます。

　ローズヴェルト大統領のプロパガンダ戦略は図に当たり、一方で日本もアメリカ本土を空襲するものの、これはほとんど損害を与えることなく終わります（とはいえ、2024年現在までアメリカ本土が唯一空襲を受けた事例です）。加えて日本は、アメリカの残存艦隊も集結するパプアニューギニアのポートモレスビーを確保しようとしますが（MO作戦ないしモ号作戦）、その作戦途上でラエとサラモアを占拠した直後に、アメリカの機動艦隊の奇襲を受け大損害を被ります。この損害から、日本の連合艦隊は損傷の修復と整備のた

めミッドウェー島の攻略作戦（MI作戦）を採用します。

しかし、頻繁に電信を飛ばしていたことからアメリカにより傍受され、1942年5月に珊瑚海海戦が決着がつかずに終わると、同年6月のミッドウェー海戦で日本は大敗を喫します。これを機にアメリカを中心とする連合国の反撃が本格化し、8月のガダルカナル島での戦闘が開始されます。日本軍は43年にこの島から撤退を余儀なくされ、アッツ島玉砕など敗勢がにわかに強まります。この43年に、日本は絶対国防圏を設定するものの、マリアナ・パラオ諸島での一連の戦闘（サイパン島の喪失も含みます）により脆くも崩れます。

図60　硫黄島の位置
硫黄島は小笠原諸島で最大の島であり、かつその南端近くに位置する。

絶対国防圏の設定により、小笠原諸島にも戦力が増強され、そのなかでも硫黄島は最重要航空基地として大本営に位置付けられ、44年3月より要塞化が進みます。いわば硫黄島で連合国を迎撃しようという水際作戦をとったのです。一方、当初は台湾占領を目論んでいたアメリカでしたが、フィリピン奪回によりその必要性が薄れ、マリアナ諸島に次ぐ日本本土空爆の拠点確保と補給の問題を考慮して、硫黄島の攻略に重点を置きます。

硫黄島の防備

　硫黄島は面積29.86km²ほどの小さな島であり、東西8km、南北4kmほどしかありません。火山島であることから、その名の通り二酸化硫黄などを主成分とする火山性ガスが島の各地から噴き出しており、この有毒ガスは日本軍が坑道を掘削するうえでも障害となりました。北部には2つの飛行場（第3飛行場は未完成）があり、南端近くには標高172mの摺鉢山がそびえ、この山は島をほぼ一望できる軍事的要衝でした。火山活動による起伏に、貿易風や波浪による浸食作用によって島の地形は急峻になっており、自然の防御陣として大いに機能することになります。

戦力と経過

　アメリカ軍は海兵隊3個師団（第3、第4、第5）からなる7万を動員します。太平洋艦隊司令長官チェスター・ニミッツ大将は、硫黄島攻略を3人の海軍将官——レイモンド・スプルアンス大将、リッチモンド・ターナー中将、ホランド・スミス中将に委ねます。アメリカ軍は硫黄島攻略を「デタッチメント作戦」と呼称しました。

　日本軍は、栗林忠道陸軍中将を筆頭に、硫黄島の防備を固めます。栗林中将は決死の覚悟で硫黄島に赴任したといい、実際に妻に宛てた手紙では自身の生還を期待しないようにと告げています。さて、ここではこの日本軍、ひいては栗林中将の決断について見ていきましょう。

硫黄島における防備をどのように固めるか？

　硫黄島は離島であるため、この地の作戦は必然的に陸海空の軍事力を結集した、典型的な統合作戦（Joint Operation）となります。日本本国の大本営は、1945年1月の「帝国陸海軍作戦計画大綱」において、本土等での決戦のため、

硫黄島でアメリカ軍を消耗させる方針（戦略）を立てます。しかし、その一方で硫黄島の防備に関する明確な目的を示すことはありませんでした。

栗林中将は、硫黄島に赴任するや即座に防御体制の再構築を進めます。民間人を本土に避難させ、増援と朝鮮人労働者が到着すると、洞窟陣地の改修を迅速に進めます。天然の洞窟に砲座、トーチカ、指揮所を地下坑道によって結び付け、これらの坑道は島の各所を結ぶ連絡路ないし脱出路としても機能します。こうして、硫黄島戦闘計画を策定し、全島を要塞化して火力と適切な逆襲等により敵戦力の消耗を図るのです。ですが、栗林中将の最大の決断は次のものだったのです。

> 大本営の「水際撃滅」の方針を棄て、「後退配備」を選択した。

栗林中将は特攻に代表される決死戦術を兵士の浪費に過ぎないと見なしており、硫黄島の位置づけも上陸を防ぐのではなく、上陸したアメリカ軍に少しでも多くの損害を与える方針へと転換します。しかし、この方針は連合艦隊（日本海軍）にとって受け容れ難いものでした。硫黄島に派遣された連合艦隊は大本営の方針に固執し、共同作戦の展開に支障をきたすのです。栗林中将は陸・海合わせた2万1060の戦力を率い、硫黄島の防衛に当たります。

上陸作戦に先立ち、アメリカ軍は硫黄島への準備砲撃を展開しますが、もともと10日間と要請された砲撃は3日に短縮され、初日は悪天候に阻まれ失敗します。この日、アメリカ軍は12隻のLCI（歩兵揚陸艇／砲艇）を接岸させようとしますが、これも日本軍の沿岸砲の反撃を受け全隻が撤退を余儀なくされます。

1945年2月19日、この日は快晴に恵まれ、アメリカ軍は上陸作戦を開始します。これをもって、硫黄島の戦いが始まるのです（図61）。戦艦・巡洋艦が艦砲射撃を加え、さらに艦上機による爆撃がなされると同時に、海兵隊員

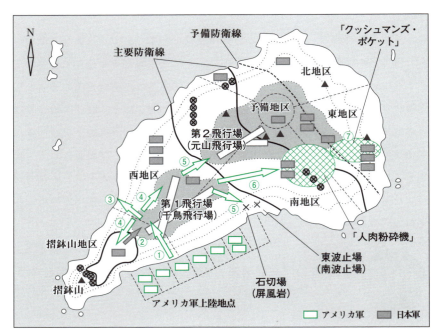

図61　硫黄島攻防戦

を乗せた輸送船やLVT（水陸両用装軌車両）が接岸を試みます（①）。アメリカ軍は事前の調査から、摺鉢山の北東に面した海岸に兵を展開しようとしましたが、ここには第1飛行場（日本側の呼称は千鳥飛行場）が眼前に位置していました。

　上陸部隊は早速困難に直面します。上陸地点は4.5mの海岸段丘に阻まれ、ここは火山灰質の堆積物が波の浸食を受け形成された地形です。浜辺も砂で容易に陥没し、兵士は足首、車両も車軸まで沈んでしまい身動きが取れなくなります。「硫黄島への上陸は容易」というアメリカ軍の事前調査とは裏腹に、内陸への軍の展開もままならない状態でいたのです。

　しかし、沿岸での日本軍の抵抗はさほどではなく、これは栗林中将が第1飛行場でのアメリカ軍の集結を待って殲滅砲撃を加えようという目論見のためでした。そのため、上陸が困難だった割には海岸での抵抗が少なく、アメリカ軍は艦砲や爆撃により日本の抵抗が弱まったと思い込みます。次々とア

メリカ軍は上陸を続けますが、砂浜での移動が困難な様子を見て取った栗林中将は、10時ちょうどをもって海岸に展開するアメリカ軍への一斉砲撃を命じます（②）。摺鉢山や東波止場にかけてカモフラージュされた火砲の砲撃により、上陸地点は凄惨なものとなります。この時の様子を、タイム・ライフ誌の戦場報道員ロバート・シェロッドは「地獄の悪夢」と評しています。

　この日の夕方までに、激しい攻防の末に海兵隊は第1飛行場を中心とする一帯を確保しましたが、これは当初予定されていた目標ライン（硫黄島の南部から東部にかけての約4分の1の制圧）に届かず、アメリカ軍が被った損害も甚大でした。

　それでもアメリカ軍は硫黄島南部の地峡を横断し（③）、翌日より第1飛行場の確保と摺鉢山の攻略にかかります。日の出と同時に第28海兵連隊が攻撃を開始しますが、摺鉢山では厚地兼彦大佐率いる日本軍が抵抗し、12時になっても海兵隊は前進が70mにすら達していませんでした。とはいえ、アメリカ軍の艦砲射撃と艦載機による爆撃は激しく、厚地大佐は玉砕前提での突貫（いわゆる「バンザイ突撃」）の敢行を司令部に訴えますが、これは栗林中将が黙殺します。

　第1飛行場をめぐる戦闘もアメリカ軍の苦戦が続きましたが、午後になって戦艦ワシントンが40cm砲弾を撃ち込んだことで地崩れが生じ、洞窟陣地の兵が生き埋めとなったことで確保します。第1飛行場の喪失は栗林中将にとって予想外に早いものでしたが、アメリカ軍にとっては作戦当初の予定の遅れを取り戻せずにいました。

　上陸開始より3日目、アメリカ軍は摺鉢山攻略の継続と並行して北部への大攻勢に出ますが（④）、大波により予定された援軍の上陸は叶わず、摺鉢山に展開するはずだった戦車部隊は、燃料補給の連携がうまくいかず投入に遅れが生じます。それでもアメリカ軍は、夕方までに摺鉢山の北半分にまで前進します。

　事前に日本軍が硫黄島に張り巡らした防御網は、アメリカ軍を悉く苦しめます。また、沿岸で停泊したアメリカ艦船は、日本の特攻隊による攻撃に絶

2. 第二次世界大戦

図62 「硫黄島の星条旗」 ジョー・ローゼンタール撮影

えず晒され続けました。上陸4日目には摺鉢山の日本軍も大規模な反撃に出ますが、かえってアメリカ軍の砲撃の的となりすべて失敗に終わります。

上陸5日目、ようやくアメリカ軍は摺鉢山の占拠に成功し、これもまた栗林中将にとっては予想外に早い陥落でした。一方、この日までに海兵隊2個師団合わせて4500人以上の戦死者を出しており、アメリカ軍も決して順調とは言えませんでした。この日、10時20分に摺鉢山の山頂に星条旗が掲げられ、これは同日12時により大きなサイズの星条旗に改められ、写真に収められました。これが、「硫黄島の星条旗」として知られる有名な写真です（図62）。

「硫黄島の星条旗」が撮影されたのは、この一連の戦闘の初期の段階であり、その後もアメリカ軍にとって予想外の長い戦闘が続きます。摺鉢山の攻略で島の南部は制圧されましたが、北部戦線では第2飛行場（日本側の呼称は元山飛行場）南部と石切場での戦闘が続いていました（⑤）。上陸6日目に第21海兵連隊の攻勢が展開されますが、日本軍が敷いた地雷原に阻まれ戦車が投入できず、歩兵同士の熾烈な白兵戦が繰り広げられます。銃や手榴弾はおろか、銃剣やナイフ、手足での格闘戦まで見られ、四肢が折れ曲がり身体中が切り刻まれた遺体がそこかしこに転がっていました。この日までに島の約半分を手にしたアメリカ軍でしたが、戦闘はさらに1ヵ月以上続くのです。

アメリカ軍は島の南半で野営地や滑走路を設営し、P-51やP-61といった戦闘機だけでなく、B-29のような大型爆撃機まで発着を可能とします。また、司令部も硫黄島に上陸して指揮所を置きますが、島の北半と西海岸の日本軍の防備はいまだ健在でした。上陸7日目より5日間にわたり、アメリカ軍は

382高地（日本側の呼称は二段岩）とターキーノブ（玉名山）を筆頭とする複合陣地帯で、のちに「人肉粉砕機（ミートグラインダー）」と呼ばれる一帯への突撃を敢行します⑥。ですが、このとき海兵隊は、「人肉粉砕機」が硫黄島で最も堅固な防御陣であることを認識していなかったのです。

上陸10日目まで「人肉粉砕機」での戦局に大きな変化は生じません。日本兵は艦砲や爆撃の間は洞窟陣地に身を潜め、アメリカ兵が近づくと高地から銃火や迫撃砲で反撃するのです。これまでの戦闘で、アメリカ軍は下士官の犠牲者が相当数に上り、指揮系統の混乱が常態化していました。上陸13日目から戦況は膠着状態に陥り、これは約1週間続きます。

この間にとりわけ激戦が繰り広げられたのが、382高地と362C高地に囲まれた「クッシュマンズ・ポケット」と呼ばれた区域でした⑦。ここでの戦闘では日本軍が地下の指揮所を爆破したことで尾根筋が消失するなど、地形そのものを一変させる激戦でした。それでも断続的なアメリカ軍の攻撃により、上陸20日目から目に見えて日本軍の抵抗が弱まります。とはいえ、アメリカ軍の損失はあまりに大きく、本国の世論を逸らそうと3月14日に陸軍省は硫黄島の「完全占領」を宣言し、摺鉢山の麓で式典も執り行われましたが、その最中ですら激しい爆音が島の北部から鳴り響いていました。

「クッシュマンズ・ポケット」で抵抗する日本軍を指揮するのは西竹一中佐（1932年のロサンゼルス五輪・乗馬競技で金メダルを獲得し、アメリカ軍からも「バロン西」と呼ばれました）で、彼は火炎放射器で負傷し失明しつつありました。西中佐率いる守備隊はついに全滅します。これにより、アメリカ軍の最終目標は、栗林中将らの立て籠もる島の北岸のみで、ここは「死の谷」と呼ばれました。

上陸73日目の3月26日、「死の谷」と西海岸に点在する日本軍は、残存戦力を集結させ200～300人の編成で第2飛行場と海の間のアメリカ軍宿営所に攻勢をかけます。この奇襲攻撃はアメリカ軍の反撃に遭い、日本軍は262名が戦死、18名が捕虜となり栗林中将も戦死したとされます（子息・栗林太郎氏の証言による）。ここに、硫黄島の戦いはようやく終結します。

結果

　硫黄島の戦いは、アメリカ海兵隊にとって、史上最も過酷な戦闘であったといわれます。硫黄島の確保により、この島からのべ2251機のB-29爆撃機が、終戦までの5ヵ月あまりの期間に発着することになったことからも、その重要性が窺えます。しかし、そのためにアメリカ軍が払った犠牲は甚大なものでした。日本軍は1万7845～1万8375名が戦死ないし行方不明となりましたが、アメリカ軍は戦死・負傷合わせて2万3000～2万6571名うち戦死者は5875～6102名という、攻略部隊全体の損害が日本軍のそれを大きく上回るというものでした。

　日本軍が決死の抵抗で臨んだ（参戦兵力の95％にあたる損失率）ことも主な要因として挙げられますが、アメリカ軍の攻撃計画の見通しが甘かった点も見落とせません。アメリカ軍は2月19日（上陸初日）の時点で日本の兵力を1万3000程度と見込んでおり（実際は2万1030）、初日の海岸上陸、「ミートグラインダー」の攻略などで強いられた苦闘はまさに見込み違いが原因と言えるでしょう（同時に敵戦力の正確な把握がいかに困難かを示す証左であると見ることもできます）。日本軍にも見られた作戦遂行の齟齬が、アメリカ軍でも同様に生じていたのです。

　それ以上に、多大な犠牲を払いながらも硫黄島を攻略したアメリカは何を手にしたのか。また、ほぼ全滅に近い損害を出した日本は何を失ったのか。これらの問の答えは、「戦争の早期終結」という一言では表現しきれない、様々な要素が考えられます。戦争の本質を問い直すとき、硫黄島にはその究極的な答えが込められているのかもしれません。

3. 世界大戦後
次世代の戦争の在り方を模索して

世界大戦の教訓と局地戦

　2度の世界大戦を経験してもなお、人類は究極的には戦争を止めようとはしませんでした。むしろ、軍事技術の革新は継続され、人類は戦争の新たな可能性を模索し続けています。とはいえ、必ずしも世界大戦の経験が活かされなかったわけではありません。

　総力戦という未曾有の戦争を経験し、さらに第二次世界大戦末期に核兵器が開発されたことで、戦後まもなく始まる米ソ冷戦において、米ソ両国が直接干戈を交えることはついにありませんでした。核兵器は実戦の兵器としてよりも、国際政治における抑止力としての役割が顕著ですが、一方でその開発や維持には膨大なコストが要求され、米ソ両国の国際政治における後退に、少なからぬ影響を及ぼすのです。

　一方では、「冷戦」という大きな枠組みのなかで、大国の影響を受けた局地戦が展開されます。朝鮮戦争（1950〜53）、ベトナム戦争（1965〜75）、中南米の争乱やアジア・アフリカの民族紛争など、各地の戦乱で新たな戦争の可能性が、今なお模索され続けているのです。

テト攻勢
ベトナム戦争の転換、大規模攻勢

1968

背景

　第二次世界大戦が終結すると、もともと関係が良好とは言い難かった米ソ

両国の対立が顕著となり、1955年までに「冷戦」と呼ばれる構造が確立します。その契機となったのが、アメリカが1947年に発したトルーマン・ドクトリンであり、これを機にアメリカはソ連および東ヨーロッパの社会主義諸国の影響拡大を阻止しようという、「封じ込め政策」を展開します。しかし、中華人民共和国の成立（1949）、朝鮮戦争（1953）・インドシナ戦争（1954）の休戦などによりその試みは脆くも崩れ、アメリカは方針の転換を余儀なくされます。

　このうち、ベトナム戦争の前段階にあたるのが、インドシナ戦争です。フランス領インドシナ（現在のベトナム・ラオス・カンボジア）では、第二次世界大戦中に宗主国フランスや日本の占領統治に抵抗したベトナム独立同盟会（ベトミン）が、日本の降伏直後にベトナム民主共和国の建国と独立を宣言します。これに対し、再度の植民地化を目指し、フランスがアメリカの援助を受けて侵攻しインドシナ戦争が勃発します（1946）。しかし、フランス軍は各地で苦戦を強いられ、1953年のディエンビエンフーの戦いで大敗を喫したことで、戦争は休戦に向かいます。

　フランスはベトナム民主共和国に対抗し、戦争中の1949年にバオダイ（阮朝最後の皇帝）を国家元首にベトナム国の建国を宣言します。1954年にジュネーヴ休戦協定が結ばれ、ベトナム民主共和国（北）とベトナム国（南）の軍事境界線を北緯17度線とし、56年に南北統一選挙を実施する旨が示されました。しかし、アメリカは協定に参加せず、このため協定に約された統一選挙は実施されることはなく、ベトナムは南北に分断されることになりました。

　分断後、ベトナム国ではバオダイが追放され、1955年にアメリカの支援を受けたゴ・ディン・ジエムを初代大統領として、ベトナム共和国（南ベトナム）に取って代わります。熱心なカトリック教徒であったゴ・ディン・ジエムは、伝統宗教である仏教などに大弾圧を加えるなど強権体制を確立し、これに対抗するべく、1960年にはベトナム民主共和国（北ベトナム）の支援を受けた南ベトナム解放民族戦線が結成されます。

アメリカと南ベトナムは、解放民族戦線の抵抗に手を焼き、アメリカのジョン・F・ケネディ政権は南ベトナムへの軍事支援（「軍事顧問団の派遣」という名目ながら最終的には2万人規模にも及びます）を強化し、アメリカを交えて南北ベトナムで緊張が走ります。1964年、北部のトンキン湾で停泊中のアメリカの駆逐艦が、北ベトナムの魚雷艇による攻撃を受けたというトンキン湾事件が起きます。この事件は、今日ではアメリカによる捏造であったことが有力視されますが、トンキン湾事件を口実に、当時のアメリカのリンドン・B・ジョンソン大統領は全面的な軍事介入を指示します。これが、ベトナム戦争の開戦です。

　最新鋭の兵器を擁したアメリカおよび同盟国でしたが、ジャングルを利用したゲリラ戦を展開する解放民族戦線や北ベトナム軍に、フランスと同様に苦戦を強いられます。さらに、ベトナム戦争の激化とその様相が世界中に報道されると、アメリカをはじめ世界中でベトナム反戦運動が拡大し、戦争反対の世論や戦地での兵士の士気の低迷に、ジョンソン政権は苦慮することになります。

　とはいえ、北ベトナム軍にしても、戦争がほぼ膠着状態にあることに変わりはありません。そこで、状況の打開を目論み、北ベトナム軍は解放民族戦線と共同で大規模攻勢を計画します。ベトナムでも中国の春節のように、旧正月を祝う風習があり、ベトナムではこれを「テト（テッ／節）」と呼びます。ベトナム戦争開戦以来、南北両ベトナム軍は、テトの期間は暗黙の裡に休戦にする（テト休戦）という、ある種の紳士協定がありました。北ベトナムと解放民族戦線は、この休戦をあえて破り、アメリカ軍と南ベトナム軍に決戦を挑もうとしたのです。

戦力と経過

　アメリカ軍は当時の最新鋭の兵器を擁してベトナム戦争に臨みました。ですが、最新型兵器体系を中心とした装備は、輸送・補給・保持に多くの兵力を割かねばならず、実際の戦闘員はかなり少なかったと見られます。ベトナ

ム戦争では、米兵7人のうち6人が「後方任務」に従事したといわれたほどです。また、戦場勤務に応じて休暇が取れることも、人員不足に拍車をかけます。ベトナム戦争でアメリカが投入した兵力は271万人近くに上りましたが、さらに最新鋭の兵器をもってしても十分な戦果を出すことはできませんでした。

　テト攻勢では、アメリカ軍と南ベトナム軍合わせて、最大で130万の戦力が投入されたといいます。

　北ベトナムと南ベトナム解放民族戦線は、当時のアメリカ軍と比べて劣った装備であったという固定観念が散見されます。しかし、実際は必ずしもそうとは限りませんでした。とりわけ解放民族戦線は、結成当初より北ベトナムから、「ホーチミン・ルート」と呼ばれた兵站輸送路を経由して支援を受けていました。また、ベトナム戦争が開戦すると、アメリカによる侵略戦争としての側面が露骨に現れたこと、解放民族戦線による社会改革が進んだことを受け、南ベトナム軍の士気が低迷していました。

　そのため、南ベトナム兵の投降が相次ぎ、1966〜68年の間だけで月に1万人、年に10万人以上が、アメリカから供与された最新鋭の兵器とともに、解放民族戦線に投降したのです。そうして、解放民族戦線は装備を充実させ、さらに祖国防衛という具体的な目的と、人民とともに戦闘に臨んだことで、ベトナム人民からの積極的な支援と高い士気を実現したのです。テト攻勢では、北ベトナムの解放民族戦線の正規兵および非正規兵（ゲリラ）合わせて32万3000〜59万5000の兵力が投入されたと試算されます。

　アメリカ政府が希望的観測を抱いていたのを余所に、開戦以来、北ベトナムと解放民族戦線は、ゲリラ戦を含む持久戦で戦争の優位を確立しつつありました。しかし、北ベトナムの政治局（ベトナム共産党）は、アメリカとの有利な条件を交渉のテーブルで引き出すべく、それに相応しい戦果を求めようとします。

決戦の選択22 北ベトナムと解放民族戦線は、持久戦（ゲリラ戦）を基本方針とした抵抗を続けるべきか？

北ベトナム政治局の決断 アメリカ・南ベトナムに対する大規模攻勢を決定した。

　北ベトナム政府は、すでに1965年より「決定的勝利」を望んでいたとされ、これが実行に移されたのがテト攻勢と言えます。しかし、「決定的勝利」が具体的に示されることはなく、当時の政治局の構想によればアメリカ軍および南ベトナム軍各々3〜5師団の殲滅というものでした。一方で、アメリカ軍も1968年のテトに合わせた作戦行動の展開を予定していたようですが、敵軍の大規模攻勢によって計画は頓挫します。いずれにせよ、アメリカと南ベトナムは、北ベトナムと解放民族戦線に完全に裏をかかれ、奇襲を受けることになりました。

　北ベトナムの政治局が設定したテト攻勢における「決定的勝利」は、以下の3点を挙げることができます。

(1) アメリカ軍の基幹部分に損害を与え、戦略的反攻の能力を奪い、防御の態勢に追い込む
(2) 南ベトナム軍の大部分に損害を与え、戦略的武装力として機能しないようにする。
(3) 政治闘争と武力闘争を結合して、各都市や農村で総攻撃・総蜂起を実現する。そして解放民族戦線を中心とした広範な民族・民主連合政権を樹立する。

　　　　　（木村哲三郎「テト攻勢再考」、亜細亜大学アジア研究所編『アジア研究所紀要第三十六号』2009年より、一部改編）

第Ⅴ章　現代の戦場

3. 世界大戦後——次世代の戦争の在り方を模索して

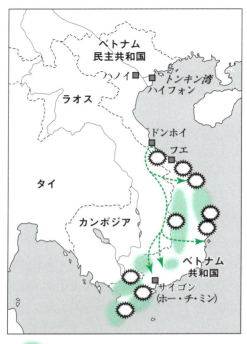

図63 テト攻勢

　1968年1月31日、この日はテトの2日目でしたが、解放民族戦線を中心に南ベトナム全土で一斉攻撃・蜂起が勃発します。テト攻勢の開始です。攻勢の対象となったのは、アメリカ軍および南ベトナム政府関連施設で、なかでも南ベトナムの首都サイゴンでは、アメリカ大使館にも敵兵の侵入を許すという事態にまで陥ります。

　攻勢は南ベトナムの広範なエリアでほぼ同時に展開され、南ベトナムの首都サイゴン、ダナン、フエ（ユエ）、チョロン、ミトー、カントーといった大都市では熾烈な戦闘が繰り広げられました。なかでも、アメリカ軍への陽動を目的としたケサンのアメリカ軍基地をめぐる攻防では、北ベトナム軍は一時、アメリカ軍の4倍もの戦力を投入して包囲・殲滅を目論みます。こうした攻勢・蜂起は、2月の第2週までを第1段階とし、その後も第2・第3段階が9月まで継続したのです。

結果と影響

　さて、テト攻勢でアメリカと南ベトナムの裏をかいた北ベトナムと解放戦線でしたが、攻勢によって得られた戦果にはどのようなものがあったので

しょうか？ ここで、北ベトナム政治局が、テト攻勢以前に掲げた外交闘争目的を見てみましょう。外交闘争目的とは、アメリカに以下の4点を認めさせようというものであり、それぞれ、

⑴ベトナム民主共和国（北ベトナム）に対する爆撃その他一切の戦争行動を無条件に停止する。
⑵解放戦線が南ベトナム人民の唯一の真の代表であると認め、南ベトナム問題は解放戦線と交渉する。
⑶南ベトナムから米軍とその同盟軍をすべて撤退させる。
⑷ベトナムの統一は南北両ベトナム人民の自決による。

（前掲書）

というものでした。では、これらの目的はどの程度達成できたのでしょうか。

結論から言えば、テト攻勢は外交闘争目的に直結することはありませんでした。例えば、陽動を目的としたケサン攻防戦では、アメリカ軍は「ナイアガラ作戦」と称される大規模空爆および砲撃を加え、これにより北ベトナム軍は甚大な損害を被ります。都市攻撃の最重要拠点とされたサイゴンでは、25の攻撃拠点のうち攻勢で占拠できたのはサイゴン放送局のみに留まり、アメリカ大使館も侵入を許したのは構内のごく一部に過ぎず、南ベトナム大統領官邸への攻撃も失敗します。

テト攻勢での両軍の損害は、攻勢の第一段階に限ってみると、アメリカと南ベトナムおよび同盟軍は戦死9078、負傷3万5212であったのに対し、攻撃側の北ベトナム軍および解放民族戦線は戦死4万5000以上、捕虜5800という、攻撃側が文字通り桁違いの損失を被っています。攻勢前に政治局が示した「決定的勝利」の目標にしても、アメリカ軍と南ベトナム軍の消耗を強いたものの、攻撃側の犠牲を鑑みれば、割に合わない戦果であったと言わざるを得ないでしょう。北ベトナム政治局の見通しとは異なり、テト攻勢はベトナム戦争の早期終結には至らなかったのです。

しかし、それでもテト攻勢のもたらした影響は、決して小さいものとは言えませんでした。ジョンソン米大統領は、3月31日に北爆の部分停止をもって北ベトナムとの交渉を呼びかけ、北ベトナムもこれに応じます。ジョンソンはテト攻勢を受け、次期大統領選への不出馬（＝実質的な辞任宣言）を表明し、同年（68）の大統領選挙では与党民主党の候補ハンフリーに50万票（得票率の差でわずか0.7％）という僅差で共和党のリチャード・ニクソンが当選しました。

　テト攻勢でアメリカをはじめとする世論がベトナム反戦に大きく動いたことは確かであり、以降のアメリカはベトナムでの戦略的勝利の可能性を失い、「名誉ある撤退」を模索しようとします。ベトナム戦争は1973年にパリでの和平協定にアメリカが調印して軍の撤退が始まり、75年にはアメリカ軍が完全撤退し南ベトナムの首都サイゴンが陥落して、ようやく終結を迎えます。サイゴンは「ホー・チ・ミン」市と改称され、76年に南北ベトナムの統一も達成されます。

　ベトナム戦争は、アメリカにとって「トラウマ」たる出来事でした。その最大の教訓は、硫黄島の時と同じく、アメリカ軍が戦略的に見誤っていた点が大きいと言えます。北ベトナムや解放戦線のゲリラ戦術ばかりがとかく注目されがちですが、大局的に見れば、アメリカも北ベトナムも、戦略的に決戦を制することができなかったのです。

湾岸戦争
悪夢の払拭？

1991

背景

　1978年1月、イランの聖地ゴム（コム）で暴動が発生し、これがイラン全

土に波及します。当時のイランの国王モハンマド・レザー・パフラヴィー（パフレヴィー2世ないしパーレビ2世、位1941〜79）は、アメリカの支援を受け近代化・世俗化政策を推進していましたが（「白色革命」）、急速な近代化と第二次石油危機の終結などによる経済不況から、国民の不満が高まっていました。これが、イラン革命の勃発です。

イラン革命は、今日のイスラーム原理主義運動に直結する社会運動であったと見なすことができます。ともあれ、革命に参加したイラン国民は、必然的にアメリカも敵視します。これにより、在イラン・アメリカ大使館に群衆が殺到し大使館員をはじめ52人が人質になるという事件も生じ、この人質奪回作戦に失敗したことは、当時の米大統領カーターの支持失墜にもつながりました。

アメリカはイラン革命の波及を警戒し、ある国に注目します。それがイランの隣国イラクです。1979年にイラク大統領となったサッダーム・フセイン（サダム・フセイン、任〜2003）は、アメリカや中国などの経済・軍事支援を受け、ついにはイランとの戦端を開きます（イラン・イラク戦争、1980〜88）。しかし、この戦争は瞬く間に長期戦の様相を呈し、ついには決着のつかないまま国連の介入で終戦を迎えます。

イランとの戦争によりイラクは経済的苦境に陥りましたが、その打開策としてサッダーム・フセインは隣国クウェートへの軍事侵攻を指示します。1990年8月2日の侵攻をもって、湾岸戦争（「湾岸」とはペルシア湾を指し、アラブ諸国ではイラン・イラク戦争を第一次湾岸戦争と称しこちらは第二次と呼ぶことが多い）の開戦となります。これに対し、国連安全保障理事会では、侵攻同日にイラクに対し即時撤退を求め、11月29日には決議678が米ソの賛成によって可決され、イラクへの武力行使が容認されることになります。

1991年1月、ジョージ・H・W・ブッシュ大統領（任1989〜93）はアメリカ軍をサウジアラビアに派兵するとともに、諸国にも派兵を呼びかけ、これにより第二次世界大戦以来となる軍事連合が結成されます。これは、「多国

3. 世界大戦後——次世代の戦争の在り方を模索して

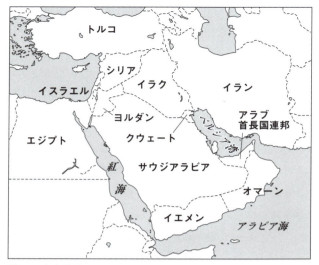

図64　中東諸国

籍軍」と呼ばれ、実態はアメリカ軍が主導する連合軍でした。多国籍軍にはアメリカをはじめとする西側諸国だけでなく、サウジアラビアやエジプトといったアラブ諸国も参加します。

戦力と経過

　アメリカを中心とする多国籍軍は、1991年1月に「砂漠の嵐作戦 Operation Desert Storm」を発動し、ペルシア湾からサウジアラビア領に上陸し、イラク・クウェート南部から陸路での軍事侵攻を目指しました。このうち、2月下旬より発動された陸上軍事作戦は、「砂漠の剣作戦」と呼ばれます。

　イラク軍は、地上部隊26万（当初のアメリカ軍の想定では54万）、戦車2000両以下（想定では4000両）、航空機1050（うち戦闘機649）を擁します。一方の多国籍軍は95万にも上る総兵力を結集させ、このうち約56％にあたる53万2000をアメリカ軍が占め、これにサウジアラビアの9万5000、エジプトの4万、イギリスの3万5000などが続きます。航空機は1820、戦車は3200がそれぞれ投入されます。

　湾岸戦争での多国籍軍は、イラク軍と比べ格段に進歩した科学技術に支え

られた諸兵器を運用します。巡洋艦から発射されるトマホーク巡航ミサイルは、バグダード（イラクの首都）の標的を正確に爆撃し（とはいえイラク政府は市民の避難や疎開を主導しなかったため民間人に多くの犠牲者を出します）、1988年より配備が進められたF-15戦闘機（なかでも開発されたばかりのマルチロール機であるF-15E）は、対空・対地で一方的とも言える戦果を挙げます。

　戦争を通じて多国籍軍による一方的な攻撃が継続しましたが、これには多国籍軍の司令部も当惑したようです。それというのも、イラク軍の地上および航空戦力は掩体壕に立て籠もり、多国籍軍に向けスカッドミサイルを無秩序に射出するというものだったからです。さらには、多国籍軍（というよりもアメリカ軍）はイラク軍の正確な情報を把握しきれていませんでした。

　他方でイラク軍はクウェートとの国境に近いサウジアラビア領の都市カフジを急襲し、これを一時的に占拠することに成功します。カフジは3日後に多国籍軍が奪回しますが、イラクによるカフジ占領はアメリカにとって（楽観視しつつも）想定外であり、とりわけサウジアラビアにとっては国土の占領を許したという危機感を高めたものでした。

　多国籍軍が何よりも恐れていたのは、イラクが開発したと主張する化学兵器や細菌兵器の存在であり、これらがイスラエルを標的に攻撃を加えることは何としても避けたい事態でした。イスラエルが仮にイラクに宣戦すれば、エジプトやシリアといった反イスラエル諸国が、多国籍軍から離脱することは目に見えていたからです。また、イラクはサウジアラビアの油田を標的とすることで石油危機を引き起こし、中東諸国の多国籍軍参加国への動揺も目論みます。

　化学兵器や細菌兵器は実戦で使用されなかったものの、実際にイラクはイスラエルに向けてもスカッドミサイルを撃ち込もうとしていたようです。これはイギリスのSAS（特殊空挺部隊／実際はコマンド部隊として従事）によりミサイル基地が無力化されたことで未然に防がれます。

第V章　現代の戦場

3. 世界大戦後――次世代の戦争の在り方を模索して

決戦の選択23 戦況が優位と思しきなか、イラク軍に決戦を挑むべきか否か？

とはいえ、「砂漠の嵐作戦」開始から1ヵ月が過ぎようとしていた時期においても、多国籍軍に情報機関から寄せられる情報は（21世紀の現在から見れば）正確とは言い難いものでした。多国籍軍はイラクの地上部隊を過大に評価し、敵の目をそらすため陽動作戦を立てます。アメリカ軍は、クウェート沿岸に海兵隊の大部隊を展開し、クウェート市奪回のための陸・海共同作戦を実行する素振りを見せます。

サッダーム・フセインはクウェートとサウジアラビアの国境線に防衛線を構え、ここで多国籍軍の主力を迎撃するつもりでした。地上部隊だけでなく、鉄条網や地雷も敷かれた入念なものです。しかし多国籍軍はクウェート南部国境地帯に軍を展開しつつ、主力は大きく西から回り、ユーフラテス川沿いのサマーワ、ナーシリーヤ方面から、イラク軍を包囲しようとしました。さながら、前216年のハンニバルによるカンナエの戦い（p.27）を彷彿とさせる包囲戦術と言えるでしょう。

 アメリカ軍（多国籍軍）の決断 イラク軍主力を引き付け、クウェートでの包囲・殲滅戦を狙った。

多国籍軍はこの攻勢を「砂漠の剣作戦」と名付け、1991年2月24日午前3時59分をもって、作戦開始が下されます（図65）。フランス軍とアメリカ軍第82空挺部隊はサマーワまで進撃してバグダードまでのイラク軍の退路を断ち、アメリカ軍第100空挺師団と第24機械化師団はナーシリーヤに向け進撃し、方向を転じてイラク第2の都市バスラ攻略に向かいます。そして大兵力のアメリカ軍第7軍団とイギリス軍第1機甲師団（「砂漠の鼠」）は、クウェート北部およびバスラ南部のイラク軍共和国防衛隊に攻撃を仕掛けます。

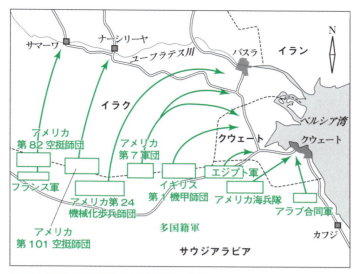

図65 「砂漠の剣作戦」での多国籍軍の攻勢
2月24〜27日の4日間の軍事行動を示している。

けます。

　多国籍軍は、この「砂漠の剣作戦」をイラク側に悟られることなく遂行に成功します。これは、イラク側がすでに制空権を奪われ、空からの情報収集手段がまったくなかったことも大きな理由です。

　アメリカ軍は「砂漠の剣作戦」での大規模な損害を危惧していましたが、結果から見れば杞憂に終わったと言えます。イラク軍地上部隊のうち、激しい抵抗を見せたのは共和国防衛隊くらいで、イラク軍の多くは士気に乏しく各地で投降も相次ぎます。

　作戦発動の翌日、2月25日にサッダーム・フセインはクウェートから全部隊を撤退させるよう命じますが、後方に温存された共和国防衛隊を除き、前衛部隊は自分たちが仕掛けた鉄条網や地雷原を越えていかねばならず、10万（大半が予備兵と徴集兵）が多国籍軍に投降します。また、クウェート占領軍はアメリカ軍の空爆により多大な犠牲を強いられます。この圧勝とも言える軍事的成功により、アメリカ軍は地上戦開始から100時間をもって停戦と

する意向を示します。

結果と影響

　アメリカ軍が停戦に動いた理由の一つが、撤退するイラク軍への空爆を報道したメディアでした。クウェート市とイラクのバスラを結ぶ道路は、撤退するイラク軍への追撃が激しく展開され、その様相から「死のハイウェイ」として知られました。また、イラク軍のクウェートからの撤退を実現できたため、これを戦争目的とすれば目的は十分に達成できたと言えます。

　しかし、この停戦にはイギリスなどが反対します。イギリスのメイジャー首相は、ブッシュ大統領に対し、イラクの軍国主義体制の打倒すなわちサッダーム・フセイン政権を倒すまで戦争を継続すべきと訴えます。ですが、この訴えは結局退けられ、多国籍軍は停戦を迎えることになります。

　結果としては、多国籍軍は戦死292、負傷776だったのに対し、イラク軍は2万～5万の戦死、7万5000人以上の負傷、8万～17万5000が捕虜となるなど多大な損害を被ります。ブッシュ大統領は、フセイン政権の今後に関してはイラク国民に「自分たちでことを進めて」と処遇を委ねました。しかし、サッダーム・フセインは戦後を見据え、温存していた共和国防衛隊を軸に権力を維持することに成功します。

「砂漠の剣作戦」で大勝した多国籍軍でしたが、この勝利を活用してイラクにおけるフセイン政権の独裁を打倒するには至りませんでした。しかし、アメリカ軍は元からフセイン政権の打倒を中心に見据えたわけではなかったとも考えられます。イラン革命によるイスラーム原理運動の波及を抑えるためにも、フセイン政権は存続の意味があったからです。これは湾岸戦争に参戦したアラブ諸国も、ほぼ同意したことでしょう。

　いずれにせよ、クウェート侵攻に始まる湾岸戦争は、ブッシュ親子とフセインの因縁を生み出したことは確実です。2003年、今度は息子のジョージ・W・ブッシュ大統領（任2001～2009）が、イラクが大量破壊兵器を秘匿し

ていることを口実にイラク戦争を引き起こします。イラクは1ヵ月強で全土を占拠され、サッダーム・フセイン政権は崩壊しました。

　軍事的に見れば、ハイテク兵器の活躍が目立ちますが、これらは理論面だけでなく、ベトナム戦争をはじめとする様々な実戦経験（バトル・プルーヴン）がもたらした成果とも言えます。しかし、戦略的に見ると、クウェートからのイラク軍の撤退は実現できたものの、その勝利を最大限に活用できたかどうかは疑問が残るところです。もちろん、当時のアメリカがフセイン政権の打倒を望んでいなかったことも主要な要因でしょうが、一方でアメリカ軍司令部に何かしらの「ためらい」に近いものがあったように思われます。その「ためらい」は、ベトナム戦争などで刻まれた古傷だったのかもしれません。

　湾岸戦争以降のアメリカは、息子のブッシュ政権でのアフガニスタン紛争やイラク戦争など、「テロとの戦い」やイスラーム原理主義勢力との断続的な戦闘を、今日まで余儀なくされています。これらが果たして、またベトナム戦争のような悪夢になるのか、あるいはその悪夢をアメリカが完全に払拭する日は来るのでしょうか？

キーウ
従来の戦争と無人戦争の可能性

2022

/ 背景

「冷戦」の終結とソ連崩壊を受け、1990年からおよそ30年前後は、「国家間の戦争は過去のものとなりつつある」と見なされてきました。大規模な国家間戦争は起こりえず、「テロとの戦い」に象徴される国家対非国家主体の「非対称戦争」や、非軍事手段を用いる「戦争に見えない戦争」が、これからの

第Ⅴ章　現代の戦場

3. 世界大戦後──次世代の戦争の在り方を模索して

戦争の中心になるであろうと、国際政治学や軍事学の観点から取り沙汰されていたのです。

「従来の戦争」（国家間の大規模戦争）は鳴りを潜めたかに見えましたが、しかし、沈黙は破られました。2014年にロシア軍がウクライナ領であったクリミア半島を軍事占領するクリミア危機を契機に、ウクライナ東部のドンバス地方で分離派が政府と武力衝突を起こし、ウクライナから実質的に離反します。ドンバスの分離は親露派住民によるもので、これによりロシア・ウクライナ間の緊張がにわかに高まります（この2014年クリミア危機に始まるウクライナ東部ドンバス地方での紛争を、第一次ウクライナ戦争と見なす向きもあります）。

2019年にウォロディミル・ゼレンスキーがウクライナの大統領に就任すると、NATO（北大西洋条約機構）への加盟がより現実味を帯びることになり、ロシアの警戒を強めます。

同年末に、ロシア軍はウクライナ国境地帯に兵を展開し軍事演習を行います。1936年のナチス・ドイツによるラインラント進駐を彷彿とさせるこの演習ののち、翌2022年2月24日、ロシアのウラジーミル・プーチン大統領はウクライナへの「特別軍事作戦」の開始を各メディアに発表し、軍事侵攻が開始されます。ウクライナ戦争の勃発です（2022～）。

ロシアにとってウクライナ、なかでもクリミア半島は、19世紀から続く南下政策において最大の焦点となった地域です。南下政策とは、文字通りロシアが南に進出する対外政策の総称ですが、クリミア半島を起点に今日のトルコのボスフォラス・ダーダネルス両海峡を抜け、地中海への航路を開くことが、ロシアにとっては悲願であり続けたのです。「冷戦」のきっかけとなったトルーマン・ドクトリンをアメリカが発表したのも、ギリシアとトルコがソ連の勢力下に置かれ、ソ連の地中海進出の足掛かりとなることを何よりも恐れたからに他なりません。

ロシアはウクライナの中立化（NATOへの加盟撤回）と、ゼレンスキー政

権の退陣や非武装化を要求します。さながら1956年のハンガリー動乱や、1968年のチェコスロヴァキアへの軍事侵攻を断行したソ連の行動を思い起こさせるこれらの要求（既定路線）を軸に、ロシア軍はベラルーシをも前線基地とし、大規模な軍事動員を展開したのです。

　ロシア軍はウクライナの首都キーウ（キエフ）を電撃的に占拠してゼレンスキー政権を崩壊させるだけでなく、事前にウクライナ国内で民間警備会社（実質的には軍事企業）を複数設立し、これらを先導役にウクライナ全土の迅速な占領を目論んでいました。なかでも首都キーウの確保は、この軍事作戦の要とも言えるものでした。

戦力と経過

「特別軍事作戦」の遂行にあたり、ロシア軍は入念な計画を立てていました。ロシア軍はウクライナ東部ドンバス方面（親露派のドネツク人民共和国が軍事支配）、南部のクリミア方面、そしてベラルーシも含めた北部方面の三方に軍を展開し、ウクライナに対して包囲戦を仕掛けたのです。このうち、北部方面からのキーウ市への攻勢では、ロシア軍は1万5000〜3万の兵と700以上の軍用車両（戦車含む）を投入します。一方、ウクライナ軍は正規兵（規模は非公開）の他に1万8000の非正規兵を動員します。

　ゼレンスキー政権では交渉により最後まで戦争回避の道を模索していたようで、このためロシアを刺激しないためにも、動員が下されたのが2月18日と、ロシア軍侵攻の6日前でした。これに代表されるように、ウクライナの準備は万全とは言い難いものであったと思われます。

　戦端は、ロシアによる「特別軍事作戦」の宣言と同時に開かれます。2月24日、ロシア軍はキーウ市街にミサイルをはじめとする爆撃を加えます。翌25日には、キーウ近郊のアントノフ国際空港をロシア軍が激しい戦闘ののち占領し、ここを空輸拠点として活用しようとします。この日を通してキーウ市街に激しい砲火が浴びせられ、一方でサボタージュ（破壊工作）のため工

図66　ウクライナの国土とロシアの「特別軍事作戦」（2022年春季攻勢）

作員も派遣されますが、ウクライナ軍の発表によれば、これら工作員の約60人が軍により殺害されたといいます。

26日の午前にもロシア軍の砲撃は続きますが、一方で、このときウクライナ軍は郊外のトロイェシュチナでロシア軍の攻撃を撃退します。このロシア軍の攻撃はキーウへの電力供給の遮断を目的としたものでしたが、失敗に終わりました。市の各地で激しい戦闘が続きますが、ゼレンスキー大統領は「ロシア軍の攻勢を撃退し、キーウとその周辺域はいまだ保持している」と発表します。

27日はウクライナ軍とロシア軍工作部隊との小競り合いが続きますが、夜間にロシア軍の輸送団がウクライナ軍と衝突するという事態が生じます。この輸送団は、地下鉄のシレツ駅に前哨基地を設置しようというものでしたが、この衝突は致命的と言えるものでした。開戦からこの間、市民もまたキーウ防衛に協力し、彼らはおもに火炎瓶（俗に言うモロトフ・カクテル）で応戦を続けます。

28日、ロシア軍にとって戦況が好転しないなか、新たに到着した増援が

キーウ市に攻撃を仕掛けますが、直接の戦闘は小規模にとどまります。とはいえ、ロシア軍は北方より64kmにも及ぶ長大な軍車列を展開しており、これがキーウ郊外に迫りつつありました。

　3月1日の朝、ロシア国防省はキーウとその近郊の通信施設を標的とする旨を警告し、1時間後にキーウ市のテレビ塔にロシア軍ミサイルが命中します。これに続く攻撃により、キーウではテレビ通信が遮断されることになります。また、ロシア軍の空襲で占領下の産科病院も被害を受け、キーウ国際空港と郊外の各地でロシア軍の砲撃が続きます。

　3月2日、キーウ市長クリチコは、ロシア軍がキーウ封鎖を強化しようとしていると発表。この日のエストニア国防軍情報部の発表では、進軍を続けるロシアの軍車列が2日以内にキーウ郊外の周縁部に到達するとし、包囲の強化は避けられないものと見なされます。ロシア軍はキーウの主要高速道路からの進軍を試み、ウクライナ軍はこの進軍を阻むため、2重の防衛線を敷きます。これによりロシア軍との戦闘を郊外に止めようという魂胆です。

　郊外各地で熾烈な戦闘が続き、最終的にロシア軍はキーウ包囲に失敗します。なかでもキーウ州ブチャ地区のマカリウをウクライナ軍がロシア軍より奪回したことで、包囲阻止に大きく貢献します。

　3月9日以降、ロシア軍の砲撃は続くものの、キーウ市への攻勢は目に見えて後退します。戦況はその後も2週間以上にわたって膠着し、ここでゼレンスキーはある決断をします。それが、キーウ州全域における大規模反攻です。

　3月22日にウクライナ軍がロシア軍の一掃を目的とした大規模反攻に転じ、これにより徐々にウクライナ軍はロシア軍の占領域を奪回します。そして4月3日までに、キーウ市およびキーウ州全域がウクライナ軍によって奪回され、この前後よりロシア軍は漸次的に撤退を余儀なくされました。

結果と分析

　さて、ここまで読まれた読者の多くは、ある種の「呆気なさ」にとらわれ

たかもしれません。これは無論、筆者がなるべく余分な情報を排して述べたということもありますが、キーウの戦いの結果が「起きるべくして起きた」ものであったと言えるからです。より率直には、キーウの戦いでロシア軍が勝利する公算は最初から小さかったとすらいわれます。その最大の要因は、ロシア軍の兵站にありました。

そもそもポスト冷戦期を迎えた1990年代から、いわゆる先進国は、増大する社会保障費の捻出が急務となる一方、膨大な軍事費を確保せねばならないという問題に直面します。加えて2000年代より展開された「テロとの戦い」により、非国家組織（インターネットなどを介して国際化の輪を広げていることもあり）との半永久的な戦闘により、アメリカをはじめとして自国の国民が血を流すことを厭う世論が強まっていました。

これはロシアにも同様の傾向があり、ここでロシアはある決断に至ります。

財政問題と軍縮の国際情勢のなか、ロシアはどのように軍の規模を維持・拡大するか？

そこで注目を集めたのが、民間軍事会社（PMC）です。訓練や後方支援・警備といった、軍事でいわば「裏方」（スタッフ）とされる業務を、民間軍事会社に任せ国家と緊密に連携することで、軍事行動を維持する風潮が顕著となってきました。国営事業の民営化が進んだ「新自由主義」に20年ほど遅れて、軍事の民営化が加速することになったのです。とりわけこの軍事の民営化で世界の先頭に立ったのが、他ならぬロシアでした。

兵站システムを民間軍事会社（PMC）に委託することで、軍の負担軽減を図った。

ロシア軍の民営化は後方支援業務に留まらず、正規軍の編成すら一部機能

を民営化、すなわちPMCに委託していました。2022年の「特別軍事作戦」に先立つ2014年のドンバス紛争で、作戦行動を丸ごと委託されたのが、エヴゲニー・プリゴジン（1961〜2023）らの創設したヴァグネル（ワグネル）・グループです。

ロシア軍では、軍事の民営化を受けて、兵站部門はPMCが一手に担うことになります。ロシアではソ連時代より、兵站の中核は鉄道にありました。ウクライナ戦争でも、奪取したウクライナの鉄道を補修して自国の鉄道と接続し、兵士や物資の輸送に利用しようとします。しかし、問題は鉄道の駅から前線までをどのように輸送するかであり、これはトラックやタンクローリーといった車両などに頼らざるを得ません。

ロシア軍の兵站の方策は、第二次世界大戦よろしく大量に物資を送り込むというもので、冷戦期までは十分通用しましたが、兵器や機器のハイテク化や細分化が進んだ現在では、途端に混乱が生じることは必至です。さらに、兵站を民間に委託するロシア軍では、兵站システムの維持に必要な士官の育成すら行っておらず、これにより兵站システムの近代化そのものが滞ったままであることが明らかとなったのです。これがロシア軍の陥った誤謬、ひいてはキーウの戦いの明暗を分けた要素と言えるでしょう。

端的に言えば、政府の軍事支出を縮小しつつ、軍の規模を維持しようというコストカットとしての民営化が、軍を支える根本的なシステムの破綻を招き、その結果がキーウの戦いでのロシア軍の撤退だったのです。

新しい戦争の可能性── 無人兵器の投入

ウクライナ戦争は、政治的あるいは戦略的には「従来の戦争」の復活でしたが、一方で戦術的、それも軍事技術では大きな変化を予感させる部分も見逃せません。その一つが、ドローン（無人航空機／UAV）に代表される無人戦争の可能性です。キーウの戦いをはじめ、ウクライナ戦争ではロシア軍、ウクライナ軍双方がドローンを戦場に投入していますが、これが意味する次

の戦争の可能性について最後に見ていきましょう。

　ウクライナではクリミア・ドンバスをめぐる2014年の紛争以来、市販のドローンを戦場に転用できるよう改良する半ボランティア団体が組織され、こうした諸団体により改造されたドローンが戦場に投入されているといいます。ドローンの用途は情報収集、偵察、輸送、そして攻撃といった多岐にわたっており、それぞれの目的に応じて個別の機能が付されています。
　ドローンの最大の特徴は、低コストかつ人命喪失のリスクが圧倒的に低いことです。また、低コストは小型化にもつながり、おかげでレーダー網での察知・追尾が困難となり、大量配備による活用も可能とします。さらに、陸戦だけでなく、海戦におけるドローン（無人水上艇：USV、無人潜水艦：UUV）の開発も、日本を含め各国で進められています。
　すでにドローンはアメリカ軍が局所戦で使用していましたが、国家間戦争における活用は、ウクライナ戦争が初と言えるでしょう。実戦で使用されたドローンの情報は、ロシア軍やウクライナ軍だけでなく、これらの兵器を開発した供与国にも共有され、さらにその性能を向上させることは想像に難くありません。

　他方では、こうした無人兵器を運用するうえで、サイバーセキュリティの面も見落とせません。ウクライナ戦争では、ロシア軍がウクライナにサイバー攻撃を仕掛け、主要インフラを停止に追い込むことで迅速な勝利を得る目算があったといいます。しかし、現実ではウクライナはサイバー攻撃に対して強靭な防衛策を講じており、ロシアのサイバー攻撃は思うような効果が上がっていませんでした。
　となれば、ロシア軍の配備不足とも言える軍容は、サイバー攻撃でウクライナが混乱に陥ることを前提としていた、と考えることもできます。だからこそ、ウクライナのサイバー防衛が、ロシアを「従来の戦争」に持ち込み、キーウをはじめとする侵攻の防衛で成果を上げたと考えることもできるでしょう。

ウクライナ戦争における無人戦争の可能性は、より現実化しつつあります。しかし、それでも従来の戦争が根本的な変化を遂げるには、まだ相当な時間を要するでしょう。ウクライナ戦争を含め、2020年代の戦場は保守と革新が綯い交ぜとなった状態にあると言えます。将来に無人戦争が完全に実現したとき、戦争はまったく新しい様相を呈するのか、それとも従来の戦争の再生産に留まるのでしょうか？

　その答えは、現時点では「神のみぞ知る」としか言いようがありません。しかし、私たちが国家という枠組みに起居する国民である以上、その国家を維持する防衛の新しい可能性に直面せねばならない段階にあるとも言えます。とはいえ、戦争そのものの本質は、早々に大きく変化するとは考えられません。新しい可能性を考察するうえでも、従来の戦争の性質を、変化の時代にあたる今、改めて問い直すべきではないでしょうか。

主要参考文献

アントゥリオ・エチェヴァリア著、前田裕司訳『シリーズ戦争学入門　軍事戦略入門』創元社、2019年

アレックス・ローランド著、塚本勝也訳『シリーズ戦争学入門　戦争と技術』創元社、2020年

ジョン・ルイス・ギャディス著、村井章子訳『大戦略論』早川書房、2018年

ジェフリー・リーガン著、森本哲郎監修『ヴィジュアル版「決戦」の世界史』原書房、2008年

クラウゼヴィッツ著、篠田英雄訳『戦争論』（上）（下）岩波文庫、1968年

B・H・リデルハート著、市川良一訳『戦略論』（上）（下）原書房、2010年

サイモン・アングリム他著、天野淑子訳『戦闘技術の歴史1　古代編』創元社、2008年

マシュー・ベネット他著、淺野明監修、野下祥子訳『戦闘技術の歴史2　中世編』創元社、2009年

クリステル・ヨルゲンセン他著、淺野明監修、竹内喜・徳永優子訳『戦闘技術の歴史3　近世編』創元社、2010年

ロバート・B・ブルース他著、淺野明監修、野下祥子訳『戦闘技術の歴史4　ナポレオンの時代編』創元社、2013年

マイケル・E・ハスキュー他著、杉山清彦監修、徳永優子・中村佐千江訳『戦闘技術の歴史5　東洋編』創元社、2016年

エイドリアン・ゴールズワーシー著、池田裕・古畑正富・池田太郎訳『古代ローマ軍団大百科』東洋書林、2005年

ロバート・マーシャル著、遠藤利国訳『図説　モンゴル帝国の戦い』東洋書林、2001年

瀬原義生『スイス独立史研究』ミネルヴァ書房、2009年

須田武郎『Truth In Fantasy78 騎士団』新紀元社、2007年

ドルー・ギルピン・ファウスト著、黒沢眞里子訳『戦死とアメリカ　南北戦争62万人の死の意味』彩流社、2010年

山之内靖著、伊豫谷登士翁／成田龍一／岩崎稔編『総力戦体制』ちくま学芸文庫、2015年

三宅正樹、庄司潤一郎、石津朋之、山本文史著『検証 太平洋戦争とその戦略1　総力戦の時代』中央公論新社、2013年

デリック・ライト著、宮永忠将訳『世界の戦場イラストレイテッド4　硫黄島の戦い1945』大日本絵画、2009年

小泉悠『ウクライナ戦争』ちくま新書、2022年。

有坂純『ウクライナ戦争の正体　軍事史から読み解く「不可解な戦争」』ONE PUBLISHING、2023年

内田泰『無人防衛〜ディフェンステクノロジーの最前線〜』日経BP、2023年

エリノア・スローン著、奥山真司・平山茂敏訳『現代の軍事戦略入門 増補新版』芙蓉書房出版、2019年

Becker, Katherine A., *The Swiss Way of War: A Study on the Transmission and Continuity of Classical and Military Ideas and Practice in Medieval Europe*, Diss. Ohio State University, 2009.

Campbell, David, *French Soldier versus German Soldier-Verdun 1916*, Oxford, 2020.

Carey, Brian Todd, *Warfare in the Medieval World*, Barnsley, 2006.

Contamine, Philippe, *War in the Middle Ages*, Paris, 1980.

D'Amato, Raffaele, *The Normans in Italy 1016-1194*, Oxford, 2020.

DeVries, Kelly, *Infantry Warfare in the Early Fourteenth Century*, Woodbridge, 1996.

DeVries, Kelly, *Medieval Military Technology*, Woodbridge, 1992.

Donnell, Clayton, *The Fortifications of Verdun 1874-1917*, New York, 2011.

Erickson, Edward J., *Gallipoli-the Ottoman Campaign*, Barnsley, 2010.

Field, Ron, *Union Infantryman versus Confederate Infantryman-Eastern Theater 1861-65*, Oxford, 2013.

Fields, Nic, *Carthaginian Warrior 264-146 BC*, Oxford, 2010.

Gravett, Christopher, *Norman Knight AD 950-1204*, Oxford, 1993.

Hanson, Victor Davis, *The Western Way of War: Infantry Battle in Classical Greece*, California, 2nd ed., 2009.

Horsted, William, *The Numidians 300 BC-AD 300*, Oxford, 2021.

Kiley, Kevin F., *An Illustrated Encyclopedia of The Uniform of the Roman World*, London, 2014.

Knight, Ian, *The Zulu War 1879*, Oxford, 2003.

Knight, Ian, *British Infantryman versus Zulu Warrior-Anglo-Zulu War 1879*, Oxford, 2013.

Nicholson, Helen, *Medieval Warfare*, New York, 2004.

Nicolle, Dacid, *European Medieval Tactics (1): The Fall and Rise of Cavalry 450-1260*, Oxford, 2011.

Nicolle, David, *European Medieval Tactics (2): New Infantry, New Weapons 1260-1500*, Oxford, 2012.

Nicolle, David, *The Normans*, London, 1987.

Roberts, Keith, *Pike and Shot Tactics 1590-1660*, Oxford, 2010.

Sheppard, Si, *ANZAC Soldier versus Ottoman Soldier-Gallipoli and Palestine 1915-18*, Oxford, 2023.

Turnbull, Stephen, *Mongol Warrior 1200-1350*, Oxford, 2003.

White, Lynn, Jr., *Medieval Technology and Social Change*, Oxford, 1962.

Zimmerman, Mark, *Guide to Civil War-Nashville 2nd Edition*, Nashville, 2019.

おわりに

　本書で「軍事史」というテーマを選んだ理由の一つは、戦争や軍事には歴史上の様々な要因が凝縮されているということです。すでに述べてきたように、戦争の背景には政治、経済、社会など様々な要因があり、どの戦争・戦闘をとっても「〇〇という原因により戦いが生じた」と単純化して言及することはできません。

　さらに、戦いが生じたこと、そこに勝敗が生じたという事実そのものは、変わることはありません。しかし、より長期的な目線や、当初の戦争目的などに照らし合わせてみれば、勝利や敗北という結果だけ見ることは、戦争を評価するうえでは必ずしも適切とは言えないでしょう。

　とはいえ、こうした観点は、何も軍事史に限ったものではありません。歴史の関わる様々な分野では、同じように多面的な観点が要求されます。軍事史、政治史、経済史、社会史などは、あくまでも設定する観点（論拠のスタート地点）に過ぎず、そこからどのように現代に至る歴史に合流するかを考察することに、最大の意義があると私は考えるのです。

　歴史は膨大です。しかも、「何が」膨大かということさえ表現し難いのです。情報量だけでなく、歴史を理解するうえでの背景や、関連する学術分野の素養も必要です。また、歴史学で依拠するものに史料（多くは一次文献）がありますが、これはそもそもその記録が正確かどうかといった判断も必要となり、加えて現代の私たちと歴史の当事者たちとの価値観の違いも考慮せねばなりません。歴史学ではこのような考察のもとで、日々新しい観点が見出されているのです。

　こういった歴史学の手法を、私も含め研究者でない一般人が、その

まま模倣することは現実的ではありません。ですが、そうした門外漢たる私たちでも、「こういった可能性はないだろうか」という予測を立てることはできます。私はこうした予測は重要だと思いますが、これがただ単なる「思い付き」で終わってしまうともったいないと思うのです。

　予測あるいはアイデアが浮かんだ方は、ぜひそうした観点で書かれた書籍や研究がないか、調べてみていただきたいのです。もちろん、自分の予測と完全に合致するものは、簡単に発見できないかもしれません。しかし、こうして調べるという作業を進めるだけでも、情報の精査や、多様な観点に馴染むことができるのではないかと私は思います。また、必ずしも研究者の論文だけにあたる必要はありません。調べていくうちに、各文献の筆者が「どのような観点や立場で書いているのか」という点に注意が向くようになり、これにより読書の解像度も上がると思えるからです。

　調べる、といっても必ずしも書籍だけでなく、現在ではインターネット上でやJASTOR（ジェイストア）、OPAC（オパック）といったデータベースから書誌情報を得たり、場合によっては論文そのものにアクセスできたりする場合もあります。情報化社会と呼ばれて久しい現在において、情報源が重要であることは歴史もまた同様です。また、こうした「検証」のような点にこだわらなくとも、予測やアイデア、さらに興味関心に応じて、次の文献への橋渡しになればよいと思います。

　ともあれ、もし本書で新たな興味関心が湧いたのでしたら、また新しい文献を探してみてはいかがでしょうか。本書の最後に、次のアグスティヌス（354〜430）の言葉を結びに代えて添えます。

Initium ergo ut esset, creatus est homo, ante quem nullus fuit.
　　　　　　（始まりを為すがため、人間は無より創造された。）

◉ 著者紹介

伊藤 敏（いとう・びん）

▶1988年、東京都に生まれる。筑波大学卒業、同大学院にて修士号を取得し、博士後期課程単位取得退学。高校非常勤講師や塾講師を経て、2019年より代々木ゼミナール講師として首都圏や北海道などで予備校講師として活動。板書での図解、なかでも正確無比な地図の描写と、「世界史の理解」を信条とした解説に定評がある。趣味は素描画、喫茶店めぐりなど。
著書に『歴史の本質をつかむ「世界史」の読み方』（ベレ出版）、『ビジネスエリートが知っておきたい 教養としてのヨーロッパ史』（PHP研究所）がある。

● ── 装丁	竹内 雄二
● ── 本文デザイン・DTP	亀井 文（北路社）
● ── 図版作成	藤立 育弘
● ── 校閲	蒼史社

歴史を動かした「決戦」の世界史

| 2024年 11月 25日 | 初版発行 |
| 2025年 1月 11日 | 第2刷発行 |

著者	伊藤 敏
発行者	内田 真介
発行・発売	ベレ出版 〒162-0832 東京都新宿区岩戸町12 レベッカビル TEL.03-5225-4790　FAX.03-5225-4795 ホームページ　https://www.beret.co.jp/
印刷	モリモト印刷株式会社
製本	根本製本株式会社

落丁本・乱丁本は小社編集部あてにお送りください。送料小社負担にてお取り替えします。
本書の無断複写は著作権法上での例外を除き禁じられています。購入者以外の第三者による本書のいかなる電子複製も一切認められておりません。

©Bin Ito 2024. Printed in Japan
ISBN 978-4-86064-777-3 C0022　　　　　　　　　　編集担当　森 岳人